DYNAMIC ADJUSTMENT

OF FINANCIAL FLEXIBILITY—THE STUDY BASED ON ENVIRONMENTAL UNCERTAINTY AND MANAGERIAL OVERCONFIDENCE

财务柔性动态调整

——基于环境不确定性、管理者过度自信的研究

许 诺◎著

经济管理出版社
ECONOMY & MANAGEMENT PUBLISHING HOUSE

图书在版编目（CIP）数据

财务柔性动态调整——基于环境不确定性、管理者过度自信的研究/许诺著．—北京：经济管理出版社，2018.8

ISBN 978－7－5096－6018－8

Ⅰ.①财… Ⅱ.①许… Ⅲ.①财务管理—研究 Ⅳ.①F275

中国版本图书馆 CIP 数据核字(2018)第 214108 号

组稿编辑：杜 菲
责任编辑：杜 菲
责任印制：黄章平
责任校对：王淑卿

出版发行：经济管理出版社
（北京市海淀区北蜂窝 8 号中雅大厦 A 座 11 层 100038）
网 址：www. E－mp. com. cn
电 话：(010) 51915602
印 刷：北京玺诚印务有限公司
经 销：新华书店
开 本：720mm×1000mm/16
印 张：11.5
字 数：175 千字
版 次：2018 年 10 月第 1 版 2018 年 10 月第 1 次印刷
书 号：ISBN 978－7－5096－6018－8
定 价：68.00 元

前　言

企业的生存与发展与其所处的外部社会和经济环境有着密切的联系，特别是在全球一体化程度不断加深的今天，世界各国之间的贸易往来、经济交流更加地频繁和深入，全球经济正在逐步形成一个互相关联和协作的整体，任何国家的企业都很难在世界经济环境的影响下“独善其身”。然而，地缘政治冲突以及区域性的贸易金融摩擦依然为世界经济的发展带来不可预期的波动，经营环境的不确定性依然是企业在长期平稳发展过程中所需要面临的一项重大挑战。

在企业预防和适应经营环境变化的过程中，财务柔性能够为企业及时地提供财务资源上的保障，逐渐成为企业在应对环境波动风险时的一项重要手段和措施。财务柔性从本质上说是一种对环境变化的适应能力，当企业面临着外部环境的潜在风险，或者发现了可能的有利投资机会时，能够帮助企业及时地调动财务资源，以较低的成本调整企业自身的资金结构，实现最优化的投融资决策，进而保证企业的价值最大化。财务柔性的本原属性表明企业应当结合外部经营环境的不断变化对自身的财务柔性储备进行及时有效的调整。同时也说明结合环境不确定性这一重要的背景前提来研究财务柔性的动态调整问题已经成为财务柔性研究领域一个重要的理论研究方向。与此同时，企业所面临的环境不确定性程度依赖于企业管理者的分析和判断。行为金融学认为，在企业经营的过程中，企业管理者很难对每一项投融资决策都保持足够理性的分析和判断，企业管理者很有可能出现过度自信的情绪。作为企业内部的一项重要特征因素，管理者过度自信会导致企业忽视对风险的防范，降低企业对环境不确定性的重视程度，从而对财务柔性的动态调整产生重要的影响。

据此，本书将环境不确定性和管理者过度自信纳入以财务柔性动态调整为核心的理论研究框架中来，以动态权衡理论作为核心，融入委托代理理论、财务权变理论以及过度自信理论，采用内外部因素结合的方法，对环境不确定性、管理者过度自信与财务柔性动态调整三者之间的影响关系进行了较为深入的分析和整理。

目 录

第一章　绪论

本章作为全书研究的开端，主要目的是对选题背景、研究意义、研究内容、研究方法以及可能的创新之处等内容进行综合的概括和阐述，构建出基本研究思路和框架，为本书后续研究的展开做出铺垫。

一、研究背景与问题提出

（一）选题背景

经济环境的波动一直是影响企业生产经营的一个重要因素，全球各国企业都在不同程度上受到了经济形势不断变化以及地缘政治冲突的双重冲击。从国际大环境来看，外部经营环境的高度不确定性导致很多大型企业出现了不同程度的财务危机，一些企业由于缺乏预警以及有效的防范手段和措施，难以组织起优势资源来扭转企业所面临的财务困境，不得不宣布破产倒闭。甚至一些主权国家如冰岛、希腊等国由于深陷债务危机而导致国家的整体经济遭受到了重创，陷入了前所未有的经济灾难之中。面对外部生产经营环境的剧烈波动，很多大型企业为了避免重蹈覆辙，防止企业自身再次陷入到破产倒闭的窘境，不得不根据环境的变化及时调整自身的战略结构，重新规划企业的战略发展方向，更为谨慎地进行企业的投融资决策。与此同时，难民危机、恐怖袭击以及中东问题等一系列地缘政治冲突也为世界经济的高速发展蒙上了一层巨大的阴影。这些冲突不仅极大地破坏了经济发展成果，浪费了企业大量的人力物力资源，还会阻碍地区之间的经济交流，导致企业不得不重新进行战略规划，使企业多走了不少“弯路”。再把视角转回国内，随着我国政治经济地位的不断攀升，在经济全球化的今天，我国经济也难以“独善其身”。伴随着世界经济的不断融合，特别是我国在世界贸易组织中的地位以及扮演的角色越来越重要，使得我国企业的经济活动在不同程度上都会与世界其他经济组织的活动产生关联。更重要的是，随着我国市场化进程的不断加快以及一系列经济改革方案的出台，我国经济实行“走出去”的积极发展战略，这使得我国企业面对的不再是本国的消费市场，而是面向世界，同世界各国的企业进行贸易上的往来和经济上的交流。企业的经营范围和经营活动变得更大，竞争程度也更为激烈。与此同时，我国周边的地域摩擦也在不断加剧，这在无形中为地区的经济发展设置了贸易上的壁垒，给我国企业的投资选择和战略发展方向带来巨大的影响。由此可见，近几年国内外经济的发展形势存在着剧烈的波动，导致企业在生产经营过程中面临的最直接的问题就是环境的不确定性，企业很难在这个复杂的环境中准确地把握到经济形势的变化。

面对环境的不确定性，财务管理领域的相关理论研究也紧紧跟随着时代变迁的步伐，不断地进行着拓展和深化。柔性理论开始渗透到企业生产和管理的各个领域，并且逐渐替代传统的“刚性”思维，成为企业在进行生产经营决策时的一项重要的理论指导。而将柔性理论应用于财务管理领域产生的财务柔性①已经成为企业抵御风险和对抗环境不确定性的一项重要手段和方法，为企业的生产经营带来了较为直接和广泛的影响。

财务柔性研究作为企业资本结构领域一个新兴的研究方向，越来越受

① 英文释义为 Financial Flexibility，有学者也将其译为财务弹性。

到理论界与实务界的高度重视，研究的视角和方法也在不断创新和突破。从理论研究的角度来看，财务柔性从本质上说是一种对环境变化的适应能力，当企业面临着外部环境的潜在风险，或者发现了可能的有利投资机会时，财务柔性能够帮助企业及时地调动财务资源，以较低的成本调整企业自身的资金结构，实现最优化的投融资决策，进而保证了企业的价值最大化。财务柔性的本原属性表明，企业应当结合外部经营环境的不断变化对自身的财务柔性储备进行及时有效的调整。同时也说明，结合环境不确定性这一重要的背景前提来研究财务柔性的动态调整问题已经成为财务柔性研究领域的一个重要的理论研究方向。从指导企业经营发展的角度来看，Graham 和 Harvey（2001）针对企业对财务柔性的重视程度这一问题进行了一次问卷调查，结果显示有 392 个美国上市公司的 CFO 认为企业在进行资本结构决策时，应当将财务柔性放在首要位置进行重点考虑。李悦（2008）在对我国上市公司融资渠道进行选择的调查过程中同样发现，我国上市公司的管理者在进行投融资决策时，会重点关注企业的现金流状况以及企业的剩余负债能力。这些调查的结果表明，在以企业价值最大化为目标的企业生产经营结构的调整过程中，财务柔性的价值被企业的管理者们不断认可，企业对于财务柔性的重视程度已经由被动的接受逐步转变成为主动的适应和调整，财务柔性的动态调整已经成为企业决策中的一个重点关注的问题。

管理者作为企业组织领导的权利核心，既是战略布局的规划者，也是组织决策的制定者，同时还要对企业的经营发展承担相对应的责任。因此，企业管理者的行为必然会对企业的经营成果和财务管理状况产生重大的实质性影响，而企业管理者的行为在一定程度上会受到其心理特征因素的左右。Duncan（1972）依托信息基础理论，对管理者的行为与环境不确定性之间的关系进行了较为深入的阐述。他认为，由于人们在信息获取渠道、信息获取方式以及获取来源方面受到很多不可控因素的干扰，导致人们很难全面地获取和接受所有的内外部环境信息，不完全和不充分的信息造成了企业的环境不确定性。Duncan（1972）同时指出，企业的管理者对环境复杂性的主观判断和反应会在一定程度上决定企业面临的环境不确定性。企业的管理者由于无法时刻保持清醒的认识和理性的逻辑思维模式，很难对企业外部复杂的生产经营环境进行全面深入的分析和判断，而企业管理者制订的战略决策方案最终来源于其对外部环境所蕴含的机遇和挑战的主观认识。不全面的信息引导了企业管理者的决策，导致决策的结果与实际情况产生偏离。由此可见，相对于环境本身，企业管理者对环境变化的主观判断显得更为重要。过度自信的管理者由于在对环境不确定性的判断和理解上显著区别于理性的管理者，因此管理者过度自信在一定程度上会直接影响到环境不确定性对企业财务柔性动态调整的方式和速度。

综上所述，在经济全球化的今天，环境不确定性是这一时期的重要特征，企业的财务柔性应当根据环境的不断变化进行及时有效的调整。而在财务柔性动态调整的过程中，由于企业管理者对外部环境不确定性的判断和分析能力又会受到其心理特征因素的显著影响，因此，本书选择环境不确定性和管理者过度自信作为影响企业决策的内外部主要因素，研究和探讨财务柔性的动态调整。

（二）问题提出

西方学者对于财务柔性的研究起步较早，并且取得了一系列较为丰硕的研究成果。无论是对财务柔性的定义、财务柔性的影响因素，还是对财务柔性的度量、财务柔性的经济后果都进行了深入的挖掘和探索，并且形成了较为成熟的观点和理论支撑。虽然理论成果较为丰富，但是这些观点在理论界并没有达成统一的共识，财务柔性的研究并没有形成较为系统和完整的理论研究框架。而我国的财务柔性研究尚处于起步阶段，相关问题的理论研究还相对滞后，但是我国学者针对财务柔性这一概念也展开了较为深入的、富有层次的研究，并且获得了较为丰富的理论研究成果。

在将财务柔性这一概念引入到我国时，我国的研究者主要将研究的重点放在了对财务柔性的定义以及财务柔性的影响因素等问题的诠释和解答上。这些研究结论虽然能够在理论上对财务柔性有一个较为全面和深入的概括和总结，但是在指导我国企业实践和应用财务柔性方面则显得较为薄弱，缺乏一定的实践性。伴随着经济形势的不断变化以及研究内容的不断拓展，我国学者将财务柔性研究的侧重点放在了其对企业经济后果的影响上。众多学者在研究财务柔性与企业价值的过程中发现，相比于财务柔性水平较低的企业，前期储备了大量财务柔性的企业在筹资能力方面具备显著的优势。具体而言，企业在生产和经营的过程中很有可能受到融资约束的制约以及贸易摩擦的冲击，在这种情况下财务柔性可以帮助企业及时地调度资金，以较低的交易成本获得资金上的补充，有效地化解企业可能面临的财务风险，避免企业价值的下降。同时，在针对财务柔性与企业投资的研究中，我国学者也发现财务柔性水平较高的企业，在资金流动性方面能够得到有效的保障。当出现有价值的投资机会时，企业可以迅速做出反应，集中优势资源抓住这些机会，进而提高了企业的价值。这些研究结论虽然极大地丰富了财务柔性的理论研究成果，肯定了财务柔性的作用，但是这些结论大多是从静态的角度来研究财务柔性问题，而以动态的视角来研究财务柔性的文献则相对较少。

虽然在面对危机时，财务柔性的预防和利用属性能够帮助企业渡过难关，提升企业的价值。但是危机并不是企业经营的常态环境，一旦企业过渡到相对正常的生产经营周期时，过高的财务柔性储备是否还能够继续为企业带来价值上的增值？Clark（2010）研究认为，企业在财务柔性的储备过程中，不仅会提升企业的价值，同时也会产生一定的储备成本，削弱财务柔性的价值增量。据此，他提出了边际财务柔性价值的概念，即每增加一单位的财务柔性所带来的权益价值的增加。也就是说，当企业财务柔性价值处于某一水平时，增加边际财务柔性所带来的权益会越来越小，边际财务柔性价值会越来越小，而边际财务柔性成本则会越来越大，企业会逐步调整直至两者相等（黄永华，2014）。企业财务柔性的储备主要来源于超额现金持有和剩余举债能力，但这两种方式都会给企业造成大量的代理成本，危害到企业的价值。因此财务柔性的储备是不是越多越好？企业的财务柔性储备是否存在着一个目标？如果企业存在目标财务柔性，企业的财务柔性储备是否会向着目标方向进行调整？本书试图针对这些问题进行更为深入的研究和探讨。

财务柔性作为企业应对环境不确定性的一种适应能力，要求企业的财务柔性储备要根据生产经营环境的变化进行及时的调整。因此，财务柔性的作用一方面体现在储备上，而另一方面则体现在它的调整上。只有在调整的过程中，财务柔性的作用才能得到最大程度上的发挥。如果财务柔性存在调整，那么企业的内外部因素又会对这种调整产生怎样的影响？从外部环境的角度来看，财务柔性的储备从本质上说是企业为了应对经营环境中的不确定性，如果环境的变化是可以被准确预测的，那么企业储备的财务柔性将不具备任何价值可言（Byoun，2011）。为了更好地适应环境的变化，最大限度地将财务柔性的预防和利用属性发挥出来，企业会针对环境的变化如何调整自身的财务柔性储备？如果环境不确定性的程度加大，企业是否会加快财务柔性的调整速度？从企业内部经营的角度来看，财务柔性的储备并没有一个严格的规定和标准，储备的水平在一定程度上依赖于企业管理者对环境变化的判断程度。行为金融学认为，企业的管理者不能够时刻从理性的角度出发来安排企业的生产经营决策，企业的管理者容易产生过度自信的心理特征偏差，进而影响到其对周围环境的判断能力。如果管理者过度自信，忽视了企业经营环境的变化，或者是对这种变化带来的后果估计不足，又会给财务柔性的调整带来什么样的影响？这些问题同样值得我们进行更为深入的研究。

财务柔性的研究虽然在国内外都取得了较为丰硕的研究成果，但是这些研究大多是从静态的视角来关注财务柔性，很少有学者用动态的视角来研究财务柔性。因此，企业是否存在目标财务柔性？财务柔性又是否存在动态上的调整？如果财务柔性存在动态调整，那么环境不确定性和管理者过度自信这些内外部因素又会对这一调整产生怎样的影响？针对以上问题，本书以财务柔性的动态调整为核心，将环境不确定性与管理者过度自信纳入到同一个研究框架中来，对三者之间的关系进行了较为深入的分析和探索。

二、研究意义

虽然国内外学者对于财务柔性进行了多方面、多角度的深入研究和探索，但是这些研究大多是从静态的角度来看待财务柔性问题。财务柔性是企业对环境变化做出及时反应的一种适应能力，同时也是企业进行资本结构调整的一种方式和手段。财务柔性的作用不仅体现在储备上，同时还体现在对财务柔性的主动调整上。只有在调整的过程中，财务柔性的作用才能够被最大限度地激发出来。本书研究的一个重点就是希望构建一个财务柔性的动态研究框架，对财务柔性的动态调整行为进行进一步的探索。

（一）理论意义

环境不确定性是企业储备财务柔性的一项重要因素，如果环境的变化可以被准确预期，那么财务柔性的价值也就不再具有任何意义。与此同时，企业所面临的环境不确定性的程度依赖于企业管理者的分析和判断。行为金融学认为在企业经营过程中，企业的管理者很难对每一项投融资决策都保持足够理性的分析和判断，企业的管理者很有可能出现过度自信的情绪。作为企业内部的一项重要特征因素，管理者过度自信会导致企业忽视对风险的防范，降低企业对环境不确定性的重视程度，从而对财务柔性的动态调整产生重要的影响。据此，本书试图将环境不确定性和管理者过度自信纳入到以财务柔性动态调整为核心的理论研究框架中来，采用内外部因素结合的方法，综合考量三者之间的关系和影响。

从理论层面来看，本书的研究意义主要有三点：一是丰富了财务柔性的研究视角。国内外学者对财务柔性相关问题展开了多方面的研究，但是现有文献大多是以静态的视角来研究财务柔性问题。本书从动态的视角出发，对财务柔性的动态调整问题进行了较为深入的理论分析和探索，丰富了财务柔性的研究视角。二是完善和补充了财务柔性动态调整的研究框架。基于动态调整的逻辑研究框架，财务柔性动态调整的前提和基础是企业存在目标财务柔性。但现有的研究文献并没有针对这一问题形成明确和统一的研究结论。本书从财务柔性的缓冲效应和代理冲突两方面对企业目标财务柔性的存在性问题进行了较为深入的理论分析和探索，完善和补充了财务柔性动态调整的研究框架。三是将行为金融学的相关理论引入到财务柔性的动态调整研究框架中。本书在财务柔性的动态调整研究过程中，引入行为金融学的相关理论，将管理者过度自信纳入到财务柔性的动态研究框架中来，深入分析和探索了管理者心理特征因素对财务柔性动态调整产生的影响，为财务柔性的动态调整研究提供一个全新的研究方向。

（二）实践价值

在企业预防和适应经营环境变化的过程中，财务柔性能够为企业及时地提供财务资源上的保障。伴随着财务柔性研究的不断深入和发展，企业对财务柔性的重视程度也在不断提高。财务柔性不但可以帮助企业对未来的不利冲击进行事前预防，同时还可以兼顾到企业的投资决策，使企业有能力主动寻找那些稍纵即逝的有利投资机会。财务柔性的预防和利用属性能够有效地帮助企业实现资本结构上的及时调整以及财务资源上的合理分配和补充，最大限度地提升企业的价值，保证企业的长远可持续发展。虽然财务柔性可以为企业在生产经营的过程中提供诸多优势保障，但是，财务柔性并不能够一劳永逸地帮助企业规避财务决策上的所有风险。高额的现金持有以及剩余举债能力是企业储备财务柔性的两个重要来源，但是这两种方式都会给企业带来严重的代理问题。企业的管理者很有可能会从获取个人利益的角度出发，在企业战略制定和投资决策的选择上出现背离公司价值最大化目标的自利行为，而高额的财务柔性储备又恰恰会为这种自利行为提供更为广阔的选择空间，因此在企业储备财务柔性的过程中同样不能够忽视其产生的代理问题。

从实践层面来看，本书的实践价值主要有两点：一是在增强我国企业储备财务柔性意识的同时，引入适度储备财务柔性的理念。财务柔性是企业财务管理领域的一项重要战略决策。在不确定性加剧、竞争激烈的市场经济大环境下，企业的管理者需要清楚地认识到财务柔性的价值以及它能给企业带来的战略性作用。与此同时，在现实经济活动中，企业储备的财务柔性在积极发挥作用的同时，也不可避免地会产生一定的成本和问题。鉴于我国企业对于财务柔性储备的意识正在不断地加强和提高，本书试图通过研究财务柔性的动态调整问题，在能够使企业重视财务柔性储备作用的同时，也能够避免企业盲目地追求财务柔性的储备水平，帮助企业建立适度储备财务柔性的理念。二是为我国企业财务柔性的利用提供可操作的分析框架。本书在肯定了财务柔性动态调整给企业带来的价值效应之后，进一步深入挖掘了企业内外部因素对财务柔性动态调整的影响。将环境不确定性与管理者过度自信纳入到财务柔性的动态调整框架中来，希望能够帮助企业正确地引导财务柔性的应用，提高企业在应对经营环境变化方面的财务能力，同时也为企业财务柔性的利用提供可操作的分析框架和经验上的支持。

三、概念界定

（一）财务柔性

国内外学者针对财务柔性的概念进行了深入的研究，并且取得较为丰富的成果。由于学者们对财务柔性的理解以及研究的侧重点略有不同，所以对于如何定义财务柔性也产生了一系列不同的观点，这使得财务柔性的定义在理论上并没有形成统一的、具有说服力的标准。财务柔性的定义仍然处于一个不断完善和丰富的过程中。

西方学者较早地开展了对财务柔性的针对性研究，对财务柔性的理解较为深刻和丰富，所提出的有关财务柔性的定义也比较具有代表性和说服力。由于在财务柔性研究的早期阶段，西方学者对财务柔性的作用和来源并没有明确和深入的认识，学者们认为财务柔性储备的主要作用是补充企业的现金流量。因此，这一期间提出的关于财务柔性的定义都是围绕企业现金流量这一方向展开的。最具有代表性的是 Heath（1978）提出的财务柔性定义。Heath 认为，当企业陷入到所需现金支出超过现金流入的困境时，财务柔性是一种可以帮助企业迅速采取有效措施来消除这一困境的能力。同时 Heath 也在财务柔性的定义中指出，这种行为不会对企业的股票市场价值和盈余收益带来负面影响。通过 Heath 的定义我们可以看出，在财务柔性的早期研究中，西方学者们认为储备财务柔性的主要目的是防止企业出现资金流断裂的风险，财务柔性的主要作用就是帮助企业有能力调控其现金流量，同时这种行为不会给企业带来负面的价值损失。显然，这一阶段对财务柔性产生的根源、财务柔性的储备来源以及财务柔性的价值增值作用等问题的研究都处于模糊的探索阶段。美国一些大型的会计机构如美国财务会计准则委员会（FASB）以及美国注册会计师协会（AICPA）同样对财务柔性进行了定义。与 AICPA（1993）基本采纳 Heath（1978）的观点不同，FASB（1984）在财务柔性的定义中突出强调了财务柔性产生的前提，即环境不确定性。FASB 认为财务柔性是企业在面对非预期需求和机会时，能够帮助企业采取有效行动改变现金流的数量和时间的一种反应能力。虽然这个定义依旧强调的是财务柔性对企业现金流的调控，但是在环境不确定性这一问题上的阐述显然比 Heath 的定义更近一步。随着财务柔性研究的不断开展，西方学者们逐渐发现财务柔性的来源不单单是企业的现金流，企业的负债融资能力也是财务柔性的一项重要来源。Graham和 Harvey（2001）从资本结构的角度将财务柔性进行了重新的定义。当经济出现萎缩时，企业为了继续保持经营业务的增长，应当为其未来的扩张和并购储备一定量的负债融资能力。而这种能够帮助企业以市场价格为其未来投资获取资金的能力就是财务柔性。通过对上述定义的描述我们发现，早期的财务柔性定义主要是围绕财务柔性的预防属性来展开，认为财务柔性是企业被动防御风险的一种能力，并没有挖掘出财务柔性在把握有利投资机会时的作用，同时对财务柔性储备来源的阐述也不够全面和丰富。

金融危机爆发之后，理论界对财务柔性的重视程度不断加深，这一期间财务柔性的研究获得了巨大的发展，财务柔性的定义也随着研究的不断深入而逐渐丰富和完善起来。DeAngelo 和 DeAngelo（2007）开创性地将财务柔性的利用属性引入到财务柔性的定义中来，强调了财务柔性能够帮助企业在面临有利的投资机会时，及时提供可靠的资金支持，为财务柔性定义提供了更为全面的补充。他们认为财务柔性可以帮助企业更为方便地进入资本市场，当未来出现不可预期的盈余回落或者发现有利的投资机会时，能够及时满足资金上的需求。Gamba 和 Triantis（2008）在肯定了 DeAngelo 和 DeAngelo 观点的基础上，从财务柔性的构成角度对财务柔性的定义进行了进一步的补充和概括。他们认为，财务柔性是企业低成本地获取资金和调整资金结构的能力。同时他们还在财务柔性的定义中，对财务柔性的作用做出了详尽和综合的阐述，认为财务柔性一方面能帮助企业在面临不利冲击时避免企业陷入财务困境；另一方面也可以帮助企业在有利可图的投资机会降临时为企业筹集到必要的资金。Byoun（2011）则根据企业生产经营目标的转变，将企业价值最大化作为定义财务柔性的落脚点，强调财务柔性是企业及时调动财务资源来预防和利用未来的环境不确定性，进而帮助企业实现价值最大化的能力。相比于早期的财务柔性定义，最新的财务柔性定义不仅完善和丰富了财务柔性的来源，同时还着重强调了财务柔性的预防和利用属性，更为全面地揭示了财务柔性的内涵。

我国对于财务柔性的研究虽然起步较晚，但是得益于西方学者的研究成果，并结合我国特殊的制度背景和资本市场的发展情况，针对财务柔性定义的研究也已经取得了较为丰富的理论研究成果。关于财务柔性的定义，我国的研究学者们大致持有两种观点。一种观点是借鉴西方学者的研究结论，在定义财务柔性的过程中，从其自身的角度出发，着重强调财务柔性的价值和作用。曾爱民（2011）将财务柔性定义为企业动用闲置资金和剩余举债能力，为企业的融资创造出可调整的余地和空间，帮助企业应对可能出现的紧急情况或者把握住未来的投资机会。葛家澍和占美松（2008）认为财务柔性不但具有现实能力，还应当重点关注它的潜在能力。这种能力可以帮助企业改变现金流的数量和时间分布，以满足企业的意外现金需求以及把握意外的投资机会。我们可以看到这个定义与美国财务会计准则委员会（FASB）的定义类似，都是从调控企业现金流量的角度来诠释财务柔性。

我国学者对于财务柔性定义的另一种观点是将财务柔性上升到战略高度，从整个财务管理活动的角度出发，并不局限于财务柔性本身的属性，而是将企业的财务管理行为看成是一个柔性的系统。我们可以暂时将这种定义方式称为广义的财务柔性。赵湘莲和韩玉启（2004）认为，规范化和制度化的企业财务管理系统导致企业在进行资本结构决策时，刚性特征明显，很难对具有临时性、特殊性以及突发性的财务问题做出及时的反应和调整。他们认为财务管理系统应当具备适当的柔性，而这种柔性是企业在应对环境不确定性时，能够迅速制定有效的财务决策，并且能够低成本实现财务决策的能力。赵华和张鼎祖（2010）对财务柔性的本原属性进行了比较系统和深入的研究，认为财务柔性是财务系统的一种内在综合能力。它的目的是帮助企业主动适应财务环境的动态变化和处理系统不确定性，它的作用路径是有效利用各种财务资源对财务行为的各种风险进行低成本、高效率的管理。财务柔性的这种定义方式，是将财务管理系统作为整体框架，以财务柔性自身的本原属性作为支撑，以企业的战略导向作为依托，将整个企业的财务管理行为定义为系统的柔性，具有一定的开创性和战略指导意义。

综合以上分析，国内外学者由于对财务柔性的研究侧重点不同，因此对于财务柔性的定义也各具特色和重点，理论界并没有形成统一的、被广泛接受的结论。出于对研究目的的考虑，本书比较赞同西方学者的研究结论，以环境不确定性作为依托，从融资的角度出发，将企业价值最大化作为最终的落脚点，将财务柔性定义为：企业能够低成本地获得资金和调整资金结构，以便应对环境不确定性和把握有利投资机会，进而实现企业价值最大化的能力。

（二）环境不确定性

在经济全球化日益加快、地区间经济合作日益频繁、贸易壁垒和经济摩擦不断消除的今天，企业外部环境最基本的特征就是不确定性。环境不确定性给企业的生产经营、财务决策以及战略选择等多个方面带来了显著的影响，这其中不光充满着挑战，同样也蕴含着机遇。Knight（1921）最先对环境不确定性与风险之间的区别进行了系统性的论述和分析，为定义环境不确定性打下了坚实的理论基础和明确的分析维度。Knight[①] 明确指出，环境不确定性与风险在定量分析和对企业的影响上具有明显的差别，并非是同一性质的概念。他认为，企业的管理者可以通过对经验教训以及历史规律的总结，借助理论模型推导出风险的概率和系数，因而风险是可以被企业准确估算的。但是，环境不确定性却不能实现这种系统性的分析。原因在于企业的管理者缺乏对不确定性事件的基本认识，甚至都无法明确洞悉将会产生怎样的结果，企业对这类事件的整体把握是模糊不定的，企业的管理者也没有办法对其进行准确的预估。同时，Knight 还在研究中特别强调风险对于企业是负面的，企业只能被动地防御和承担风险，它无法为企业提供机遇去谋取利益。而环境不确定性则能够为企业带来积极的、有利的帮助，企业可以主动出击，在不确定性的环境中寻找获得额外利润的机会。正是在机会选择上的差异导致环境不确定性与风险产生了本质上的差异。

随后，国外学者对环境不确定性的定义和内涵进行了更为深入的研究。Ducan（1972）将决策作为定义环境不确定的落脚点，并围绕企业决

① 源引自 Knight 在 1921 年所著的《风险、不确定性与利润》一书。

策提出了三个方面的综合阐述。他认为，环境不确定性是指决策时缺乏相关环境信息、无法明确决策结果以及无法准确预测环境对决策的影响。Milliken（1987）在针对环境不确定性的定义进行研究的过程中发现，环境不确定性具有无法被割裂和回避的双重性，即环境不确定性的概念既可以用来描述企业外部环境的状态，意味着我们能够通过客观不确定性的实际情况来刻画环境；同时又可以用来诠释管理者因为缺失关于外部环境的关键信息而产生的迷茫状态，也就是说环境不确定性是观察者的一种主观认知现象。这就给定义环境不确定性本身制造了一种矛盾。据此，Milliken给出了他对环境不确定性定义的理解，即由于缺乏信息或者没有能力区别相关和不相关的数据，个体没有能力精准地评估和预测外部环境的状态和发展趋势，并根据状态、影响和反应三个不同的方面，作为区分和诠释环境不确定性的基础，将环境不确定性分为状态不确定性、影响不确定性和反应不确定性三类。Milliken 的定义获得了学术界的普遍认可，随后的学者都是在这个定义的基础上，对环境不确定性的内涵展开了更为深入的探索和研究。Manolis（1997）认为环境不确定性是一个多维的概念，包含了事物多方面的特征和属性，在描述环境不确定性时应当将任务环境、市场背景、规章制度以及激励与文化等多个方面全部纳入到统一的研究框架中来，不应当简单地从任何一个单一的维度出发来定义环境的不确定性。Priem（2002）将动态性引入到环境不确定性的定义中来，认为环境不确定性是指环境难以预测的变动，其中也包括与不确定性相异的风险与模糊性。这些学者在 Milliken 定义的基础上，对环境不确定性进行了更为深入的阐述，将人们对于环境不确定性的理解和认识推向了更高的高度。

我国学者对于环境不确定性的定义基本上是在西方学者研究的基础上，对其进行了更深层次的拓展和补充。汪浩瀚（2003）认为环境不确定性是一个需要用动态的视角来看待的概念，它是指环境自身的特征与属性难以被准确预测。王益谊等（2005）认为环境不确定性的三个重要特征是难以用概率表示、缺乏因果关系和无法预知结果的，因此在描述环境不确定性的过程中应当将其分解为四个维度，即从变化性、可预测性、复杂性以及重要性四个方面综合来阐述环境不确定性的定义。

综上所述，借鉴之前学者的相关研究，结合本书的研究目的，本书从环境不确定性对企业的经济后果的影响角度出发，以公司绩效作为落脚点，将环境不确定性定义为：环境因素无法识别或无法预测，或相关信息缺乏合适性与充分性，由此引起公司难以预测未来发展趋势，进而对公司绩效产生影响。

（三）管理者过度自信

理性经济人假设作为传统公司财务理论的核心不断指导着企业的财务决策行为。但是大量的实证研究表明，在现实的经营环境中，企业经常会在进行决策的过程中出现一些异常行为，如企业会进行盲目的过度投资或者是出现频繁并购的现象。传统的经济学理论在解释这些异常行为时就显得捉襟见肘，很难在理论上对这些问题做出合理的诠释。因此，很多研究学者针对这一情况将心理学的相关内容引入到金融学的研究范畴当中来，行为金融学开始引起了人们的广泛关注。这些学者对理性经济人提出了质疑，认为企业的管理者是有限理性的（Simon，1955），并根据这一前提假设，对企业决策中的异常现象进行了深入的分析和探索，取得了很多富有建设性的研究结论。这其中，过度自信被认为是企业管理者中普遍存在的一种状态，对企业的投融资决策和战略布局产生了重要的影响。

过度自信是认知心理学中的一个专业术语，指的是个体由于存在难以克服的系统性偏差，会对自身的能力和知识水平以及对决策的判断产生高估的倾向，进而导致高估了事件发生的概率。心理学的研究认为，由于受到文化、习惯以及天性等多方面因素的影响，个体往往都具备自我中心性。因此过度自信是人类普遍存在的一种根深蒂固的心理特征。Cooper 等（1988）的研究表明，管理者特别是企业的高级管理者更容易产生过度自信的情绪，原因在于这些企业的高层管理者往往都是成功人士和专业人士，他们对自身能力和知识水平的自信程度会依托手中的控制力而得到局部的放大，更有可能产生过度自信的倾向。管理者过度自信的定义经历了较长时间的演变过程，现有文献主要是从能力、信息以及风险三个方面定义管理者过度自信的。

Roll（1986）开创性地在其研究中引入管理者过度自信这一概念，只是他将这一概念等同于“狂妄自大”（Hubris），并创立了“傲慢假说”。Roll 认为企业的管理者倾向于高估他们所掌握信息的准确性，并根据这一假设解释了企业并购的相关问题。Bernado 和 Welch（2001）沿用了 Roll 的研究角度，从信息层叠理论出发，认为过度自信的管理者会高估其所掌握信息的准确性，并据此做出决策，从而忽视了其他相关信息可能带来的影响。Heaton（2002）在此研究的基础上，加入管理者对自身决策能力的判断，进一步完善了管理者过度自信的定义。Heaton（2002）将管理者过度自信定义为乐观（Optimsim），过度自信的管理者认为自己掌握的信息更为准确可靠，同时还倾向于高估自身的决策能力以及抵御风险的能力。随着研究的不断深入，研究学者们认为管理者过度自信不但会高估对自身的判断，同时也会低估未来可能发生的潜在风险。Malmendier 和 Tate（2005）在研究中提出了过度自信（Overcongfidence）的合理阐述，并得到了理论界的广泛认可。他们认为管理者过度自信是指管理者在决策时会因为高估自身的能力和知识而产生偏差，从而导致管理者高估决策成功的可能性并低估与决策相关的风险。Landier 和 Thesmar（2009）在这一概念的基础上进行了更为深入的分析，认为过度自信的管理者表现为高估投资收益同时低估投资风险，这进一步丰富了管理者过度自信的定义。

综上所述，结合本书的研究目的，本书以能力、信息以及风险三个维度综合定义管理者过度自信，将管理者过度自信定义为：管理者在决策时高估自身的专业能力、高估自身所掌握信息的准确性、高估项目的未来收益或增长率、高估企业的价值，同时又低估未来潜在风险发生的可能性。

四、研究思路和方法

（一）研究思路

本书以财务柔性的动态调整作为研究的核心，建立财务柔性动态调整的研究框架，综合运用财务管理、战略管理以及行为金融学的相关理论，采用企业内外部影响因素相结合的方式，将环境不确定性和管理者过度自信纳入到财务柔性动态调整的研究框架中来，对三者之间的关系进行了深入的分析和检验。通过理论分析和实证检验，突出了财务柔性动态调整的价值所在，强调了环境不确定性和管理者过度自信在企业财务柔性动态调整过程中产生的影响。本书的主要内容按照文献综述—理论基础—实证分析—结论的研究思路进行。

本书主要包括以下七部分内容：

第一章绪论，介绍了研究背景、研究意义、相关概念的界定、研究思路和方法以及研究的创新点，指出财务柔性动态调整研究的理论和实际意义。

第二章文献综述，分别从财务柔性、环境不确定性、管理者过度自信以及财务柔性动态调整四个方面对国内外相关文献进行了梳理和总结。通过对国内外学者研究成果的综述，一方面可以清晰地掌握该领域的研究脉络、研究现状和可能存在的研究不足；另一方面也可以为实证研究提供模型方法和变量工具上的借鉴，为实证研究奠定坚实的基础。

第三章理论基础，对本书所用到的权衡理论、委托代理理论、财务权变理论以及过度自信理论进行了分析和归纳，为建立财务柔性动态调整的研究框架奠定了理论基础。

第四章财务柔性动态调整的实证检验，以动态权衡理论、委托代理理论等理论基础作为支撑，分别从缓冲效应和代理冲突两个角度，在理论上分析了企业目标财务柔性的存在性。在此基础上，借鉴 Opler（1999）的现金均值回归模型，并针对研究内容对模型进行了改进，建立财务柔性均值回归模型，采用我国 A 股上市公司 2011 ~ 2015 年的数据作为样本，实证检验了财务柔性的动态调整行为。为了保证实证研究结果的准确性，本章通过目标财务柔性模型替换检验以及财务柔性阈值检验等方法对研究结论进行了稳健性检验。

第五章环境不确定性与财务柔性动态调整的实证研究，根据前文的研究成果，以动态权衡理论和财务权变理论作为依据，提出环境不确定性与财务柔性动态调整之间的关系假设。参考 Gamba 和 Triantis（2008）以及 Fama 和French（2002）的研究成果，运用公司内部特征变量构建最优财务柔性的拟合模型，采用混合回归模型和动态面板固定效应模型对变量选取的有效性进行了实证检验。在此基础上，借鉴 Byoun（2008）以及 Cook 和 Tang（2010）的研究方法，构建财务柔性动态调整模型，将环境不确定性纳入到财务柔性动态调整的研究框架之中，从宏观环境不确定性、行业环境不确定性以及企业个体环境不确定性三个细分层次，实证检验了环境不确定性对财务柔性动态调整速度的影响。为了保证研究结论的准确性，通过环境不确定性变量的替换以及财务柔性阈值检验等方法对模型进行了稳健性检验。

第六章环境不确定性与管理者过度自信对财务柔性动态调整的影响，根据前文的研究成果，以动态权衡理论和过度自信理论作为依据，在财务柔性动态调整模型的基础上，加入管理者过度自信变量，将管理者的心理特征因素纳入到财务柔性动态调整的研究框架之中，实证检验了环境不确定性与管理者过度自信相互作用形成的对财务柔性动态调整速度的综合影响。同时，为了保证研究结论的准确性，通过管理者过度自信变量的替换以及财务柔性阈值检验等方法对模型进行了稳健性检验。

第七章研究结论与政策建议，概括研究结论，提出政策建议，同时指出研究的不足之处以及未来拓展研究的方向。

本书的整体研究路线如图 1 - 1 所示。

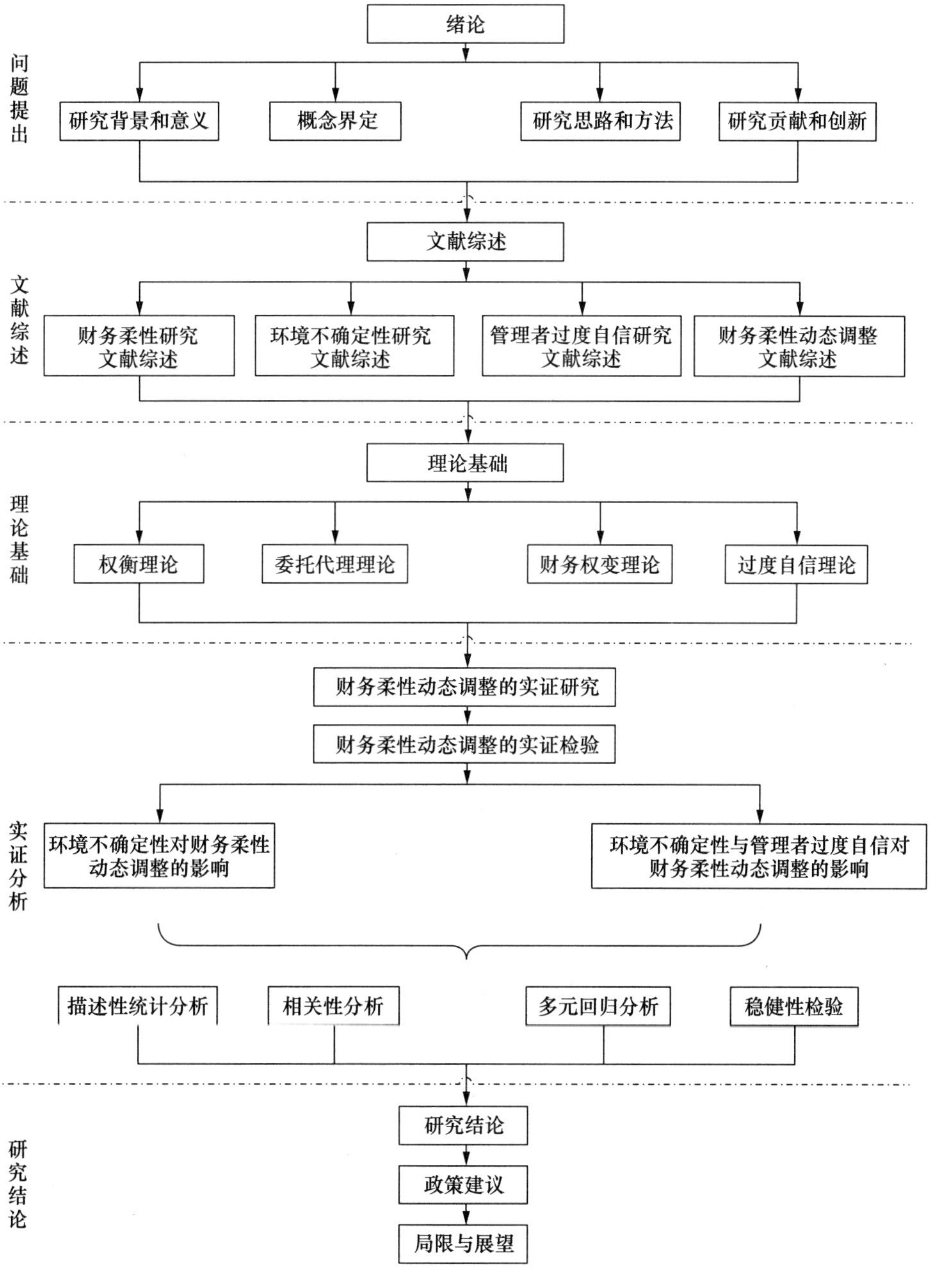

图 1 - 1　研究路线图

（二）研究方法

本书以财务柔性的动态调整作为研究核心，将环境不确定性和管理者过度自信纳入到整体的研究框架中来，考察这些内外部因素会对财务柔性的动态调整产生怎样的影响。在具体的研究方法上包括规范分析法和实证分析法两种。

1. 规范分析法

规范分析法是根据被普遍认可的价值标准，对经济运行过程中的相关规律和结果进行带有主观色彩的评价和判断，力求对事物的本质做出详尽的、综合性的阐述和说明。按照规范分析的研究方法，本书深入分析了企业财务柔性储备的价值内涵和内在机理，首先以企业价值最大化作为判断的标准来分析财务柔性的储备是否能给企业带来价值上的增值。通过对财务柔性本原属性的分析得出财务柔性的缓冲效应能够为企业带来价值上的增值，而财务柔性的代理问题则会损害企业的价值，因此企业存在目标财务柔性，企业的财务柔性储备应当适度。其次根据这一研究结论，在相关理论的支撑下，对财务柔性是否具有主动调整的行为进行了分析，构建了财务柔性的动态调整研究框架。最后分析了企业内外部因素会对财务柔性的动态调整产生怎样的影响，将环境不确定性和管理者过度自信纳入到研究框架中来，对企业财务柔性的动态调整效果进行分析。

在规范分析中，应当采用历史归纳与逻辑分析相结合的方法，按照研究的逻辑顺序，对已有的相关文献进行整理和评述，进而寻找到问题研究的焦点和核心。首先根据确定的研究内容回顾整理了相关的理论和文献，明确了财务柔性领域的研究现状和研究方向。根据研究需要对动态权衡理论、委托代理理论和行为金融学理论进行了深入的剖析和总结，其次在相关理论的支撑下，对研究对象之间的相互关系进行了判断。同时，以这些理论作为依据，构建了财务柔性的动态研究框架，并将环境不确定性和管理者过度自信纳入到本书的研究中来，综合分析企业内外部因素对财务柔性动态调整的影响。

2. 实证分析法

实证分析法是通过一系列的分析工具和模型对经济现象进行客观的描述，并不包含主观价值上的判断，主要是描述事物存在的一种客观状态。本书在检验财务柔性动态调整的相关问题时运用大样本计量分析的方法，综合运用普通最小二乘法、混合回归模型、固定效应模型以及广义矩估计（GMM）等实证研究方法和模型，对变量之间的相关关系进行了描述性统计分析、相关性分析和多元回归分析。为了验证实证回归结果的有效性，本书对于主要变量采用不同的度量方法进行稳健性检验，考察回归结果是否出现显著变化。

五、研究贡献和创新

与国内外学者关于财务柔性的研究相比，本书的研究贡献和可能的创新之处主要有以下三点：

（一）拓宽了财务柔性的研究视角

国内外学者大多是以静态的视角来研究财务柔性的相关问题，主要集中于财务柔性的影响因素、财务柔性的度量以及财务柔性的经济后果。现有文献很少以动态的视角来考察财务柔性的动态调整。本书认为，财务柔性作为企业主动寻求的一种适应环境变化的能力，其价值不仅体现在前期的预防储备上，还体现在根据环境的变化进行及时的释放和调整上，只有在动态调整的过程中，财务柔性的功能才能够真正得以发挥。因此采用动态的视角来研究财务柔性的动态调整，不仅为财务柔性的研究提供了新的视角和思路，同时也为企业财务柔性的储备和释放提供了数据上的支持。

（二）完善和补充了财务柔性动态调整的研究框架

现有的研究文献并没有针对财务柔性动态调整与企业存在目标财务柔性的关系形成明确和统一的研究结论。本书认为，目标财务柔性的存在性是财务柔性动态调整研究的前提和基础。虽然国内外学者基于财务柔性的预防和利用属性，认为财务柔性能够显著提升企业的价值。但是，企业的现金持有和负债比率是财务柔性最为重要的两个来源，这两个因素都会引发企业的代理问题，高额的现金储备和较低的负债水平都会给企业的管理者带来更大的寻租空间，导致企业的管理者很有可能会为了追求自身的个人利益而做出损害企业价值提升的决策。本书通过深入分析财务柔性的本原属性，从缓冲效应和代理冲突的角度综合考察了财务柔性给企业价值带来的影响，从理论上分析了目标财务柔性的存在性，并通过实证检验的方法验证了本书理论分析的有效性，完善和补充了财务柔性动态调整的研究框架。

（三）将行为金融学理论引入到财务柔性动态调整的研究框架之中

过度自信作为管理者自身存在的一种心理偏差，会导致其在决策的过程中过分高估自身的能力，低估可能存在的风险和困境，降低了企业防范环境不确定性的敏感程度，弱化了财务柔性的作用。国内外的学者很少从企业管理者自身的角度出发，研究财务柔性的动态调整。本书将行为金融学中的过度自信理论引入到财务柔性的动态研究框架之中，结合企业外部的环境因素，实证分析了环境不确定性与管理者过度自信对财务柔性动态调整产生的综合影响。不仅拓宽了财务柔性动态调整的研究方向，同时也能够帮助企业从管理者自身角度出发，结合企业外部经营环境的变化，更好地调控企业的财务柔性储备水平。

第二章　文献综述

本章首先在对国内外有关财务柔性的研究文献进行综述的基础上，梳理了环境不确定性与财务柔性的关系、管理者过度自信与财务柔性的关系；其次对财务柔性动态调整的相关研究进行了文献综述，总结了现有研究的现状，并指出了可能存在的研究不足和未来的研究方向。

一、财务柔性研究的文献综述

本节从财务柔性的度量、财务柔性的影响因素以及财务柔性的经济后果三方面对财务柔性相关文献进行了全面、系统的回顾与总结，为后续的实证研究提供了理论分析上的支撑和借鉴。

（一）财务柔性的度量

财务柔性的度量能够帮助企业量化财务柔性的储备水平，是开展财务柔性研究的核心和基础，只有准确把握住财务柔性的量化方法，才能够为财务柔性的研究提供有利的支持。但是国内外的学者很少对财务柔性的度量方法进行针对性的、独立的研究，只是在实证研究的过程中，提出财务柔性的度量标准和方法。由于学者之间研究的侧重点不同，对财务柔性的理解也不一致，所以财务柔性的度量方法并没有形成统一的、系统性的结论。现有的财务柔性度量方法主要分为单指标衡量法、多指标结合法以及多指标综合法三种。这三种方法各有长处和优势，但同样也存在着各自的缺点和不足。由于不同学者研究财务柔性的侧重点不一致，因此在选择财务柔性度量方法时也会根据研究的需要而选择不同的方法。希望通过对这三种方法的比较分析，选择适合本书研究内容的财务柔性度量方法。

1. 单指标衡量法

这种方法简单易行，操作的难度较低。单指标衡量法就是选用单一的财务指标来衡量企业的财务柔性储备水平。由于现金柔性和负债柔性会对企业的财务柔性储备产生显著的影响，并且这两个指标具备更强的敏感性，因此采用单指标衡量法来进行研究的学者，在财务指标的选择上会使用现金持有量或者资产负债率来定性分析企业财务柔性的储备水平。财务柔性从本质上说是一种具有前瞻性的超额储备，而现金持有量或者资产负债率两个指标只是对企业财务状况的一个真实反映，并不能体现出超额储备的内涵，因此这两个指标不能够用来直接衡量财务柔性的储备，需要确定一个基准对指标进行比较分析，进而定性分析出企业的财务柔性储备水平。根据基准选取方式的不同，单指标衡量法又可以细分为百分位法和目标拟合值法。百分位法是指将数据样本按照财务指标的高低排序，确定出指标的中位数或其他百分位数，以此作为基准，将高于基准的样本公司判定为高财务柔性企业，将低于基准的样本公司判定为低财务柔性企业。Minton 和 Wruck（2001）采用百分位法，将 20% 作为指标的判定标准，认为长期负值比率连续 5 年低于基准的企业具有财务柔性。我国学者赵蒲和孙爱英（2004）在实证研究中借鉴了这一方法，只是将判定的时间跨度缩短，他们认为一个企业的资产负债率连续 3 年低于标准，就可以证明这个企业是具备高财务柔性的。目标拟合值法是将影响现金持有量或者资产负债率的企业特征因素带入到计量模型之中，拟合出企业的目标现金持有量或目标资本结构，以此作为基准来判断财务柔性的高低。Marchica 和 Mura（2010）在实证研究的过程中，首先通过计量模型拟合出企业的目标资本结构，以此作为判断标准并同企业的实际资本结构进行比较，如果企业的资产负债率在一段期间内持续低于目标资本结构，则认为企业具备财务柔性；反之，则认为企业不具有财务柔性。

单指标衡量法虽然在计量上操作简便，但是它的缺点也很明显。财务柔性是一个受到多因素影响，由多方面构成的一项综合性能力，仅仅使用单一的财务指标，从某个单一的方面来衡量企业的财务柔性储备显然是不够全面和准确的。而且单指标衡量法很难对各个企业之间的财务柔性储备进行更为细致的差异化比较，因此受到了一部分学者的质疑。随着财务柔性研究的不断深入和发展，国内外的研究学者又根据财务柔性的来源和组成方式创建了多指标结合法。

2. 多指标结合法

DeAngelo 和 DeAngelo（2007）在实证研究的过程中为财务柔性的度量提供了重大的理论突破，正是在这一理论的支撑下才建立了财务柔性度量的多指标结合法。他们认为，财务柔性在构成上应当被细分为现金柔性、负债柔性和权益柔性三个方面，任何一个单独的方面都不能完全代表财务柔性的储备水平，只有将三种柔性构成相结合，才能说明财务柔性的实际储备情况。因此，在财务柔性的测度上，也应当采用多项财务指标相结合的方式来判定企业的财务柔性储备水平。曾爱民等（2011）在借鉴了 DeAngelo 和 DeAngelo 研究的基础上，结合我国实际的国情和特殊的制度背景，对财务柔性的计量进行了更为深入的分析和修正，使财务柔性的度量方法更符合我国上市公司的实际情况。他们认为我国上市公司在股权再融资方面受到证监会的严格监管和控制，因此我国的上市公司在一系列政策条件的严格约束下，对于是否发行股票进行再融资或者在股票发行的数量和时间上都很难根据自身的意愿来决定，权益柔性对我国上市公司财务柔性储备的整体影响几乎可以忽略不计。因此在实证研究的过程中，曾爱民等从现金柔性和负债柔性两个角度，采用行业均值作为衡量财务柔性的方法。具体而言，将企业的财务柔性视为现金柔性与负债柔性之和。其中现金柔性 = 企业现金比率 - 行业平均现金比率；负债柔性 = Max（行业平均负债比率－企业负债比率，0）。Arslan 等（2014）使用现金持有率和资产负债率两个指标来衡量财务柔性，采用行业均值作为现金柔性和负债柔性的基准，根据计算结果将样本分成四类，第一类企业资产负债率高的同时现金持有率较低，将具备这种特征的企业定义为低财务柔性组；第二类企业资产负债率很低，同时现金持有率较高，将具有这种特征的企业定义为高财务柔性组，而第三类具备高现金高杠杆和第四类具备低现金低杠杆的企业则被认为财务柔性的储备水平较为一般。

多指标结合法对于财务柔性的度量显然要比单指标衡量法全面，但是这种方法也存在着一定的问题和缺陷。多指标结合法虽然综合考虑了影响财务柔性构成的三个方面，将现金持有率、资产负债率和支付政策三个指标相加来衡量财务柔性，但是指标在可加性方面受到了一些学者的质疑。另外，现有文献在指标的采用上也多集中在现金柔性和负债柔性上，很少考虑权益柔性。同时，多指标结合法在替代指标的选择上过于单一，影响财务柔性的因素并没有在公式中得到全面的体现。针对以上问题，相关学者在多指标结合法的基础上创立了多指标综合法。

3. 多指标综合法

多指标综合法对能够影响财务柔性的因素进行了比较全面的分析和考量，并通过计量模型将这些影响因素赋予不同的权重，最终计算一个综合性的指数来作为衡量财务柔性的代理指标。这种方法根据财务柔性的来源和构成涵盖了众多影响财务柔性的因素，因此计算出的结果也能够比较全面地反映企业的财务柔性水平，同时这种方法可以很好地量化企业的财务柔性储备情况，方便企业进行纵向和横向上的比较。Arslan 等（2008）认为财务柔性存在的前提是企业受到融资约束的困扰，因此他们在实证研究的过程中将反映企业融资约束程度的指标 *KZ* 指数作为衡量财务柔性强弱的替代变量。将计算出来的 *KZ* 指数进行排序之后，Arslan 等（2008）认为 *KZ* 指数低的企业具备财务柔性；反之则不具有财务柔性。*KZ* 指数最初是衡量企业融资约束的一项代理变量，用 *KZ* 指数作为财务柔性的代理指标显然很难全面地体现财务柔性的价值，因此这个指标并没有得到理论界的广泛应用。韩鹏（2010）认为财务柔性是一个综合性的、受到多方面因素影响的指标，在衡量财务柔性的方法上采用单一的财务指标显然缺乏合理性和全面性；度量财务柔性较为科学的方法是采用主成分分析法，不仅能够较为全面地考虑到财务柔性的影响因素，同时还可以较为科学和客观地确定指标的权重比例，降低了财务柔性度量过程中的主观因素。他选取留存收益资产比、股权融资资产比、长期借款资产比、短期借款资产比、现金股利保障倍数、现金流量比率、再投资现金比率和资本购置比率八个指标进行主成分分析，根据方差贡献率提取了四个因子，并将各因子的方差贡献率作为权重比例计算出财务柔性指数。如果财务柔性指数的观测值小于0，则表示企业缺乏财务柔性；如果企业的观测值大于1，则表示财务柔性储备较高；观测值介于0和1之间的企业财务柔性储备程度适中。马春爱（2011）认为在财务柔性的度量问题上，现有研究存在着三方面的问题。首先是指标设计不够全面，其次是指标在设计上不够细致，最后是缺乏对外部融资成本的考虑。针对以上问题，作者建立了一套多维度的财务柔性指标体系，将现金指标、杠杆指标和外部融资指标确定为度量财务柔性的一级指标。同时在一级指标的基础上下设二级指标，在现金指标下设立4个二级指标，包括现金持有量、现金波动率、现金产出能力以及现金余量；在杠杆指标下设立3个二级指标，包括未使用举债能力、短期债务比例以及强约束性债务比重；对于外部融资成本指标则使用Altman（1968）创建的衡量目标企业破产风险的Z分值代替。对于指标之间的权重比例，马春爱借鉴李维安（2003）的处理方法，对于一级指标采用层次分析法，通过构造判断矩阵来确定各因素的权重；对于二级指标采用变异分析法，根据指标的差异信息量的大小来确定权重。

多指标综合法虽然将影响财务柔性的因素尽可能地纳入到计量公式中，较为全面地反映财务柔性的来源和特点，但是在指标的选取上缺乏一定的权威性，不同的学者在指标的选取上也都有各自的理解，标准不尽相同。而且各项指标对于财务柔性信息的体现具有较大的重复性，权重比例也无法达成共识。

综上所述，财务柔性的度量方法处于一个不断探索和完善的过程中，国内外的研究学者大多是根据自身研究的不同侧重点，选取适合的方法来计量财务柔性。无论是哪一种财务柔性度量方法都存在着优势和不足，理论界并没有对财务柔性的度量形成统一的研究结论。

（二）财务柔性的影响因素

在企业预防和适应经营环境变化的过程中，财务柔性能够为企业提供及时的财务资源上的保障。伴随着财务柔性研究的不断深入和发展，财务柔性的价值已经得到理论界和实务界的共同关注，企业逐步意识到储备财务柔性的重要性。但是财务柔性的储备并不是恒定不变的。研究表明，同一个企业在不同的阶段，财务柔性的储备水平是不尽相同的，而同一时期不同企业的财务柔性储备水平更是存在着很明显的差异。企业究竟会根据哪些具体因素来确定和调整自身的财务柔性水平呢？这个问题一直是财务柔性研究过程中一个亟待解决的问题，同时也会给本书的研究带来重大的影响。财务柔性的研究一直没有形成系统的理论研究框架，现有文献也很少关注财务柔性的影响因素，导致这一问题在理论界并未得到统一的、明确的结论。因此，财务柔性影响因素的研究有助于企业确定自身的财务柔性水平，有助于企业财务柔性管理政策的制定和运用。

由于国内外学者很少将财务柔性作为研究对象进行因素分析，所以本书在文献综述的过程中将影响企业现金持有水平和负债水平的因素一并纳入到研究的范围中。企业的财务柔性主要是由现金柔性、负债柔性和权益柔性三部分组成的（DeAngelo 和 DeAngelo，2007），虽然企业的现金持有水平和负债水平并不等同于现金柔性和负债柔性，但是在研究财务柔性的过程中却离不开对这两个指标的分析。因此，这些文献同样会为财务柔性影响因素的研究提供很好的借鉴作用。本书将影响财务柔性的因素分为内部和外部两个方面：内部影响因素主要包括企业特征和公司治理结构；外部影响因素主要包括宏观经济环境和产品市场竞争程度。

1. 企业特征对财务柔性的影响

企业特征因素包含很多方面，如企业所处的生命周期、企业的规模大小以及企业的未来成长能力等多个方面。Byoun（2011）对企业生命周期与财务柔性储备水平的关系进行了较为深入的研究，他将企业的生命周期分为起步期、发展期和成熟期三个阶段，实证检验了处于不同发展阶段的企业在财务柔性储备水平上的差异。当企业处于起步期时，企业的生产经营规模较小，企业在产品市场的认知度和占有率都较低，导致企业只具备少量而且缓慢的现金流入，内部资金严重匮乏。同时，由于企业的形象尚未受到外部投资者的重视，企业在进行外部融资时会遇到很多阻碍。这一阶段的企业存在着较大的经营风险，而企业又需要把有限的资金投入到先进技术的研发和生产上，以求在产品市场终端站稳脚跟，因此处于起步期的企业财务柔性水平都较低。企业大多通过保持较低的财务杠杆来储备财务柔性。处于发展期的企业，产品逐渐被市场认可，销售收入稳步提高，进入到了迅速扩张的新阶段。这一阶段的企业市场竞争能力不断提高，拥有了较为稳定和充足的现金流来源，具有了一定程度上的资金周转能力，同时企业的外部融资能力也显著提升。所以这一阶段企业的财务柔性储备水平有了显著的提高。这一阶段的企业由于处于高速扩张的阶段，所以企业会不断开拓新的业务，寻找新的利润增长点和投资机会，会通过负债融资来释放前期储备的财务柔性，因此这一阶段企业的财务柔性调整也较为频繁。处于成熟期的企业，规模较大，现金流充足，企业的发展脚步逐步放慢。同时企业的外部融资能力较强，具备多元化的融资能力。所以这一阶段的企业财务柔性储备水平出现回落的趋势。董理和茅宁（2013）将公司成熟度作为衡量企业生命周期的一个替代标准，认为成熟度高的企业由于收益稳定，投资机会变少，会选择使用一部分内部盈余来偿还企业之前的负债，企业会选择释放自己的财务柔性。而企业的成熟度越低，企业对未来投资机会的需求越强烈，会选择保持较高的剩余负债能力，同时保留内部盈余用于未来可能出现的有利的投资机会，企业的财务柔性水平会较高。关于公司规模对企业财务柔性储备的影响，Marsh（1982）的研究表明企业的规模与其资产负债率呈现显著的正相关关系。规模较大的企业生产经营能力较强，企业的盈利能力可以得到充足的保障，更容易获得银行的信贷支持，企业受到的融资约束程度较低，没有必要保持高额的财务柔性水平。肖作平和吴世农（2002）基于信息不对称理论对这一问题进行了研究。他们认为规模较大的企业更容易获得外部投资者的关注，信息不对称的程度也要低于规模较小的企业。同时规模较大的企业倾向于多元化经营，具有较稳定的现金流，抗风险能力也较强，不易受到财务困境的影响。因此企业的规模越大，越倾向于负债经营，故企业的资产负债率较高，会降低企业的财务柔性储备水平。Opler（1999）以美国上市公司的数据作为样本，对企业现金持有水平的影响因素进行了实证分析，结果表明，企业的现金持有水平与公司规模负相关，企业规模大，结构稳定，抵抗风险的能力较强，出于对代理问题的考虑，很可能采用派发股利的形式将内部留存收益释放出去。因此，企业的现金持有量较小，同时也会对财务柔性储备水平产生影响。关于企业成长性对财务柔性储备的影响，Gamba 和 Triantis（2008）的研究认为成长性高的企业对财务柔性有更强烈的需求。成长性高的企业意味着拥有更多的投资机会。如果公司面临现金短缺，将不得不放弃好的投资项目。因此为了保证企业投资的顺利进行，企业会持有更多现金。同时，根据资本结构市场时机理论，由于对未来投资机会有良好预期，高成长性公司倾向于发行权益，会选择保持更高的剩余负债能力，并且会尽量避免或减少支付现金股利，将保留盈余用于抓住未来的投资机会。当预期的投资机会出现时，事前积累的剩余负债能力就可以用来满足当前的投资需求，促进公司成长。Marchica 和 Mura（2010）的研究支持了这一观点，他们认为当企业对未来企业成长机会具有良好预期时，企业会通过保留剩余举债能力来提高财务柔性的储备水平。而且这种低财务杠杆策略在持续了一段时间之后，会迅速增加企业的投资支出。

2. 公司治理结构对财务柔性的影响

国内外学者对于公司治理结构的研究已经相对完善和成熟，公司治理机制主要包含所有权性质、第一大股东持股比例、董事会规模以及两权分离程度等多方面因素，而公司治理程度的高低会对企业的财务决策行为有着显著的影响。公司治理一方面会影响企业的现金持有水平，另一方面也会帮助企业提升债务融资的效率，促使企业做出最优化的融资选择。Almeide 和 Campello（2002）在对管理层持股水平的研究过程中发现，即便是在企业现金流充裕，较少受到融资约束困扰的情况下，那些管理层持股水平较低的企业仍然会不断地累积企业的现金流，将企业的现金持有水平保持在一个较高的水平上。辛宇和徐莉萍（2006）在研究中发现，第一大股东持股比例与企业现金持有水平之间并不呈现简单的线性关系，而是存在着一种 U 形的非线性关系，实证研究的结果表明这个关系的拐点为 49.6%。当第一大股东持股比例小于 49.6% 时，二者之间存在着负相关关系。即第一大股东持股比例越小，企业的超额现金持有量越高。而一旦企业第一大股东持股比例超过了这个拐点，第一大股东对企业的控制能力相对过大，甚至出现了“一家独大”的局面，导致企业无法对其行为进行切实有效、具备约束力的监督和管理，企业的大股东很有可能以自身利益为导向，做出有悖于提升企业价值的决策。这就导致大股东的持股水平越高，企业的超额现金持有水平越大。廖理和肖作平（2009）对公司治理因素与现金持有量之间的关系进行了较为全面和深入的研究。研究结果表明，管理者持股与公司现金持有量之间呈现显著的正相关关系。我国的市场经济制度还处于不断完善的过程中，监管机制还有待加强，导致管理者壕沟效应明显，内部人控制现象严重。管理者通过更多的现金持有，能够有效降低企业外部投资人的监管约束，从而为谋求自身利益的最大化提供便利。同时，企业的董事会规模与现金持有量之间也呈现出显著的正相关关系。伴随董事会规模的不断扩大，董事会成员冗余，董事之间的协调和沟通情况受到巨大阻碍，很多董事并未很好地履行职责，出现了“搭便车”的情况，降低了董事会对管理层的监管力度，给企业的管理层创造了谋求自身利益的机会。伴随董事会规模的不断扩大，企业的现金持有水平也会不断提高。郑鹏（2015）不再单一地考察公司治理对企业现金持有水平或对企业负债水平影响的某个方面，而是将财务柔性作为研究的核心，较为全面和细致地分析了公司治理结构对财务柔性的影响，研究结果表明公司治理的相关因素，如股权性质、董事会规模、第一大股东持股比例等都会对企业的财务柔性储备产生重要的影响，而独立董事比例同财务柔性之间并没有显著的影响，这可能是由于我国的独立董事制度还不够完善，能够发挥出来的监督机制较为有限。

3. 企业外部因素对财务柔性的影响

财务柔性的外部影响因素主要包括企业面临的产品市场竞争程度和国家的宏观经济环境。关于产品市场竞争程度和财务柔性，Campello（2006）的研究表明高财务杠杆的企业在生产经营的过程中往往会受到那些财务杠杆率较低、现金流充裕企业的主动性竞争和冲击，迫使这些高财务杠杆的企业陷入到财务困境的危机之中，甚至导致这些企业因为无法承受这些主动竞争而退出市场。姜付秀和陈朝晖（2007）认为企业资本结构的变化与其所在的产品市场竞争强度存在联系，企业的总负债水平和短期负债具有显著的战略效应。关于国家宏观经济环境和财务柔性，祝继高和陆正飞（2009）以中国人民银行发布的货币政策指数作为我国货币政策的代理变量，实证检验了货币政策紧缩程度与企业现金持有之间的相互关系。研究结果表明，当货币政策趋于紧缩时，企业的外部融资成本显著提高，导致企业的外部融资规模受到限制，企业面临着较为严重的融资约束困扰。此时企业会选择提高自身的现金持有水平来应对可能出现的融资困境。与之相反，当货币政策宽松时，企业的外部融资成本降低，企业会降低其现金持有水平。马春爱和安慧慧（2013）分别从财政政策和货币政策两个层面对宏观经济环境与财务柔性之间的关系进行了考察，财政政策作为国家调整和干涉经济运行的一项重要手段，是影响企业财务柔性的一个重要的宏观因素。作者以企业的税收返还作为财政政策的替代指标，实证研究结果表明税收返还的比例增大，是会提高企业的财务柔性水平，但提升的效果非常有限，表明财政政策对企业财务柔性的影响并不强烈。货币政策是中央银行调节货币供应量的重要手段，反映了我国是采用紧缩的货币政策还是宽松的货币政策。货币政策越宽松，企业的融资成本也就相对越低。作者采用 $M2$ 作为货币宽松政策的替代变量，在剔除了金融危机影响的情况下，发现宏观货币政策对企业财务柔性具有显著的影响。

综上所述，国内外学者虽然针对财务柔性的影响因素问题进行了大量深入的研究，但并没有形成统一的研究结论，在影响因素的选取上也相对缺乏系统性，特别是关于环境不确定性对财务柔性的影响研究仍然处于探索阶段。

（三）财务柔性的经济后果

对于财务柔性相关特征因素的研究可以帮助我们对财务柔性进行更为深入和细致的了解，但是财务柔性最重要的作用是要保证企业生产经营的平稳运行，帮助企业抵御可能存在的风险以及把握潜在的投资机会。因此对于财务柔性的经济后果研究不仅在理论上具有重大的价值，同时也具备重要的现实意义。国内外学者针对这一问题进行了大量卓有成效的研究，取得了丰硕的研究成果。财务柔性的经济后果主要包括两个方面：一是对企业投资行为的影响；二是对企业价值的影响。

1. 财务柔性与企业投资行为

投资作为企业生产经营过程中一项重要的财务决策，其规模的大小以及效率的高低都会直接影响企业未来的战略发展。根据财务柔性的定义，企业储备财务柔性的一个重要目的就是希望帮助企业抓住未来有利的投资机会。所以财务柔性的储备必然会对企业的投资行为产生深远的影响。现有文献对这一问题的研究主要分为两个方面：一是检验财务柔性在面对不利冲击时，是否能够帮助企业寻找到有利的投资机会；二是检验在正常的生产经营条件下，财务柔性对企业投资效率的影响。曾爱民（2013）以2008年金融危机作为研究背景，以我国上市公司的数据作为样本，实证检验了财务柔性储备与企业投资行为之间的关系。他认为在金融危机发生之前，企业的财务柔性储备情况参差不齐，会对金融危机爆发期间企业的投融资决策产生显著的影响。首先，金融危机的爆发会给企业的经营带来重创，导致企业营业收入大幅度缩减，资金链不断收紧。同时，随着信用风险的不断加大，银行的信贷规模不断缩减，企业的外部融资能力也受到严重影响。此时的企业面临着资金链断裂的风险，企业的投资活动受到融资约束的严重困扰。而在金融危机之前储备了大量财务柔性的企业可以通过财务柔性的释放增强其筹集和调动财务资源的能力，为企业提供内源融资的渠道，保证资金正常周转。因此，他认为在金融危机时期，相较于低财务柔性企业，前期储备了大量财务柔性的企业受到的融资约束程度更低。其次，在金融危机期间企业普遍入不敷出，投资规模也会大幅度缩减。但是风险与机遇并存，当企业自身受到财务风险困扰的同时，整个资本市场的资产价格也出现了大幅度的回落，这也为那些资金雄厚的企业提供了一次良好的扩张机会。而那些在金融危机发生之前储备了大量财务柔性的企业，资金链充裕不易陷入到财务危机的窘境之中，可以充分调动这部分优势资源，借助这个对其相对有利的经济环境，把握住有利的投资机会，完成资本的新一轮扩张。因此在金融危机之前，前期储备了大量财务柔性的企业在危机爆发的过程中投资幅度不会受到巨大的影响，并且具有更高的投资支出。最后，金融危机给企业的生产经营带来了巨大影响，而那些储备了财务柔性的企业却可以将危机转化为机遇，增强企业未来的价值创造能力。因此他认为高财务柔性企业在金融危机时期的投资支出，会为企业未来几年的发展提供有力的支撑。随后的实证检验在数据上也证实了曾爱民（2013）的假设，说明财务柔性在金融危机爆发时期，不仅能够帮助企业抵御危机同时还可以增强企业未来的价值创造能力。Arslan 等（2014）针对 1997 年亚洲金融危机和 2008 年全球金融危机，以东亚国家上市公司作为研究样本，分析了财务柔性在危机爆发时期对企业投资行为的影响。他们将样本分为两组，低杠杆高现金的企业被定义为财务柔性储备水平较高的企业，而高杠杆低现金的企业被定义为财务柔性储备水平较低的企业。实证研究结果表明，在金融危机期间高财务柔性储备的企业能够把握住更多的投资机会，并且这些企业的经营和发展水平并不会受到严重的打击和影响。同时，财务柔性储备水平较高的企业其投资现金流敏感性也要弱于低财务柔性的企业。

财务柔性虽然可以在危机爆发时给企业的投资带来显著的影响，但是危机并不是企业生产经营的常态环境，一旦企业过渡到正常的经营环境中来，企业的发展和决策回到正轨，企业储备的财务柔性又会对企业的投资效率产生怎样的影响？马春爱（2011）从财务柔性的视角分析了企业的非效率投资行为，通过构建财务柔性综合指数对企业的非效率投资进行了描述性统计分析，认为财务柔性对企业的非效率投资问题具有一定的制约作用，财务柔性储备水平较低的企业会更为谨慎地进行投资决策上的选择。但是马春爱的研究具有很大的局限性，首先是样本数据只选择2008年当期，不仅在时间跨度上有限，同时这一年爆发了金融危机，对企业的生产经营活动产生了巨大波动，这些因素很有可能会给研究结果的可靠性和说服力带来巨大偏差。田旻昊（2015）针对财务柔性与企业非效率投资问题展开了深入的研究。非效率投资是企业在投资决策过程中一个普遍的，但会严重影响企业价值提升的世界性问题。特别是在我国，上市公司普遍存在着重规模、轻质量的投资情况，我国企业的非效率投资问题显得更为突出。非效率投资根据其形成的原因可以细分为投资不足和投资过度。作者以委托代理理论和信息不对称理论为依托，将财务柔性与企业非效率投资纳入到同一研究框架之中，建立了融资约束、财务柔性和投资不足以及公司治理、财务柔性和过度投资两条研究主线，以我国上市公司2009~2014年的数据作为样本，深入地分析了财务柔性对企业非效率投资的治理作用。实证结果表明财务柔性在对企业非效率投资的问题上具有双重影响：既可以缓解企业的投资不足，同时又加剧企业的投资过度。一方面，当企业受到融资约束的严重困扰时，企业前期储备的财务柔性可以充分发挥其利用属性，帮助企业缓解投资不足。另一方面，由于代理成本的存在，企业的管理者很有可能出于自身利益的考虑投资一些净现值为负的项目，造成投资过度，损害了企业以及股东的利益。而企业前期储备的财务柔性恰恰又为管理层的代理问题提供了便利，特别是在一些公司治理水平较低的企业，管理层受到的监管力度较低，企业的过度投资问题会因为财务柔性的过度储备而得到进一步的放大。

综上所述，在受到危机冲击时，企业前期储备的财务柔性可以帮助企业在困境中寻找到扩张和提升企业价值的机会。而在正常的生产经营环境中，财务柔性的储备对于企业的投资来说是一把双刃剑，因此企业应当适度储备财务柔性，不可以盲目地提高财务柔性的储备水平。

2. 财务柔性与企业价值

伴随着财务管理领域相关理论研究的不断拓展和深化，财务管理的目标和方向也在不断地进行着发展和演变。企业价值最大化已经成为了企业调整资本结构以及进行投融资决策选择时所追寻的首要目标。由于企业价值最大化的财务管理目标综合考虑了企业在生产经营过程中的多方面因素，因此将企业价值最大化作为首要的财务管理目标能够帮助企业更加有效地积累财富，保证企业处于一个较为长期平稳的发展过程之中。Billett 和 Garfinkel（2004）以美国银行业作为研究样本，建立二元市场模型来考察财务柔性与企业价值之间的关系。他们将外部融资能力作为定义财务柔性的落脚点，认为能够以低成本获得外部资本的企业具有财务柔性。如果银行缺乏财务柔性，而进入资本市场的成本较高，这种情况不但将导致银行的经营业务更加依赖其内部资金，同时还会阻碍银行通过资本价格差异获得额外的套利收益，因此缺乏财务柔性的银行很可能为了防止资金链出现断裂或者为了规避资金周转上的风险而不得不放弃一些借贷投资，所以财务柔性高的银行，其企业价值也相对更大。韩鹏（2010）在对中小企业的财务柔性储备问题的研究过程中发现，企业的财务柔性水平与企业价值之间呈现显著的正相关关系，企业保持适度的财务柔性储备不仅能够有效地调节其资本结构，优化资源配置，同时还可以为企业带来价值上的增值。郑鹏（2015）在研究财务柔性与企业价值的关系中，考察了公司内外部治理机制在价值效应中的调节作用。其实证研究结果肯定了财务柔性的积极作用，企业的财务柔性储备行为可以提高公司的价值；并且提高企业的公司治理水平能够进一步提升财务柔性的积极效应，保证企业能够更加合理地调节财务柔性储备，更为有效地进行投资决策上的选择，使企业获得更大的价值收益。

综上所述，现有文献的研究成果表明企业财务柔性的储备能够为企业带来价值上的平稳增长，为企业的战略布局提供财务资源上的支持和保障，肯定了财务柔性的预防属性和利用属性。但是现有研究成果并没有体现出财务柔性的适度储备思想，忽略了财务柔性的代理问题。

二、环境不确定性对财务柔性影响的文献综述

企业储备财务柔性的一个很重要的原因就是为了应对经营环境的突然变化，因此环境不确定性是财务柔性存在的一项重要前提和核心出发点。然而现有文献对环境不确定性与财务柔性之间关系的研究仍然处于探索阶段，国内外学者对这一问题的关注程度相对不足。所以本书在文献综述的过程中，结合环境不确定性对企业现金持有水平和财务杠杆的影响，对环境不确定性与企业财务柔性的关系问题进行综合的分析和总结。

（一）环境不确定性与企业现金持有水平

Cummins 和 Nyman（2004）认为企业管理者为了降低外部资本市场投资者对企业经营战略的干涉程度，拥有追求财务独立性的强烈动机，他们将其视为企业进行外部融资的一项固定成本。而在充满不确定性的环境中，企业的管理者为了避免在未来的再融资过程中支付高昂的固定成本，会持有大量的现金来弥补企业在未来进行投融资决策时出现的资金缺口。环境不确定性会对企业的现金持有水平产生一定的影响。Baum 等（2006）实证检验了宏观经济波动的变化是否影响非金融企业流动资产的有效配置。他们认为宏观经济不确定性的加剧，会降低企业管理者准确评估企业相关财务信息的能力，导致其现金管理政策出现偏差。反之，当宏观经济环境的变化相对温和时，企业的管理者在资源配置的决策上显得更为游刃有余，可以根据企业的具体特性调整自身的流动资产，带来更为高效的流动资产配置。因此，在宏观环境不确定性加剧时，企业会提高其流动资产水平。他们认为高水平的流动资产从本质上来说可以视为企业管理者储备

的一项期权，当经济发生剧烈波动时，企业的管理者会主动执行这一期权，为企业的长期稳定发展提供资金上的保证。刘博研和韩立岩（2010）分别从宏观经济不确定性和企业层面不确定性两个方面考察了企业的现金持有水平。他们认为，资本市场借贷双方的信息不对称程度会伴随宏观环境不确定性的加剧而被不断地放大，融资约束程度的加剧会导致企业很难从信贷市场获得充足的资金支持，这必然会给企业的投融资决策带来显著的影响。此时企业现金持有的预防性动机就显现了出来，企业会将流动资金的持有量保持在一个较高的水平以应对外部融资成本加剧的情况。因此宏观环境不确定性的加大会导致企业现金持有水平的提升。从企业层面的不确定性来看，企业内部自身的经营风险和财务风险会干扰企业未来资金的正常流入，导致企业出现流动资金短缺的财务困境，特别是我国资本市场对于股权再融资在政策上有着严格的监管和限制条件，因此企业对于保有留存收益有着强烈的需求动机，这会影响企业的现金持有决策。由于企业层面的不确定性增大了企业陷入财务困境的风险，所以企业拥有保持较高现金持有水平的强烈意愿。随后的实证分析也证实了上述假设，环境不确定性确实会显著增强企业的现金持有水平。陆正飞和韩非池（2013）将企业为促进市场竞争所进行的现金持有定义为战略性现金持有行为，分别从产品市场和资本市场两个角度，以 1994 ~ 2010 年的我国沪深两市 A 股上市公司作为样本，实证检验了宏观经济政策对企业现金持有的市场竞争效应与价值效应的影响。具体而言，一方面，将企业现金持有对于其产品市场份额的影响称为现金持有的市场竞争效应，从产品市场角度出发，考察具有产业导向性质的宏观经济政策是否会导致受产业政策支持的与不受产业政策支持的企业之间现金持有市场竞争效应的差异。另一方面，将现金持有对于企业价值的影响称为现金持有的价值效应，再从资本市场角度出发，考察宏观经济政策是否会导致受产业政策支持与不受产业政策支持的企业之间现金持有价值效应出现差异。研究结果表明，受到产业政策鼓励发展的企业，其持现水平与企业在产品市场上的成长显著正相关；在行业中持现水平较高并受到产业政策支持的企业，其现金持有与企业价值显著正相关；长期性的宏观经济政策能够影响企业现金持有的市场竞争效应和价值效应，而短期性的宏观经济刺激计划虽能促进企业现金持有的市场竞争效应，但由于其引发的投资机会不可持续，并没有显著影响企业现金持有的价值效应。万良勇和饶静（2013）认为在高度不确定性的环境下，企业保持充足的资金是抵御财务风险的一项重要手段。他们以 1999～2008 年我国上市公司的财务数据作为研究样本，借鉴 Fama 和 French（1998）的现金持有价值模型，加入环境不确定性的替代变量，分别从宏观、行业以及企业个体三个层次实证检验了财务柔性与企业现金持有价值之间的关系。研究结果表明，环境不确定性可以显著提升企业的现金持有价值，特别是在金融危机期间，高额的现金持有行为可以帮助企业有效地减缓环境不确定性的冲击，提高企业应对风险和危机的能力。

（二）环境不确定性与企业负债

Korajczyk 和 Levy（2003）将宏观经济因素、公司特征和企业负债比例纳入到同一个研究框架中，根据融资约束将样本数据分成两组，通过二元 Probit 回归模型实证检验了企业在宏观经济波动期间的融资选择。实证研究的结果表明，对于那些融资约束程度较低的企业，其负债比率与宏观经济波动表现出了逆周期的特性。根据委托代理理论，企业的管理者由于受到的外部融资压力较小，这就为企业管理者的自利行为创造了较为宽松的空间和条件。因此出于对自身利益最大化的考虑，在宏观经济相对稳定的时期，受到融资约束影响较小的企业会选择权益融资，企业的债务比例保持在一个较低的区间。当宏观经济出现收缩时，企业管理者做出债务融资决策会提高企业的资产负债率。与之相反，对于那些受到融资约束困扰的企业，由于经济下行会对企业的资产负债表产生潜在的影响，因此企业的管理者会在宏观经济扩张时进行债务融资，提高企业自身的资产负债水平；当宏观经济出现波动下滑时，企业的管理者会明显降低自身的负债水平。融资约束企业的资产负债率显现出同宏观经济波动的顺周期效应。Simerly 和 Li（2000）在研究中认为企业的资本结构选择应当与外部环境的不确定性联系起来，并且以美国上市公司的数据实证检验了环境不确定性、杠杆比率与企业绩效之间的关系。实证结果表明，出于对企业价值最大化的考虑，当外部经济环境运行平稳时，企业应当保持较高的债务融资比率，来实现企业价值的最大化。而当企业外部经营环境出现大幅度的动态波动时，高财务杠杆比率会阻碍企业价值的提升。苏冬蔚和曾海舰（2009）以我国上市公司的财务数据作为样本，结合我国资本市场的实际发展情况，以权衡理论、优序融资理论以及市场择时理论作为理论支撑，实证分析了宏观经济环境对上市公司融资决策的选择。其实证研究结果支持了 Korajczyk 和 Levy（2003）的理论，我国上市公司的负债选择同样呈现出显著的逆周期效应：当宏观经济处于上升阶段时，企业的资产负债率会降低；当宏观经济出现衰退时，企业反而会提高自身的资产负债水平。于晓红和卢相军（2012）考察了上市公司行业环境与企业财务杠杆之间的关系。研究表明，环境的动态变化会提高企业债务融资的成本，如果此时企业的管理者选择继续提高其资产负债表水平，那么债权人对公司控制权的加强会增加企业管理者进行战略决策的难度，企业管理者很有可能会根据债权人的利益诉求而改变企业既定的战略规划。同时环境不确定性风险的加大，会阻碍外部资本市场利益相关者对公司价值的准确判断，所以在环境不确定性风险加剧的情况下，企业应当选择权益融资以减少融资的交易成本，环境不确定性与企业的财务杠杆应当具有负相关关系。其随后的实证研究结果也证明了这一假设。

（三）环境不确定性与企业财务柔性

虽然国内外学者对环境不确定性与企业现金持有和负债水平的关系进行了多方面的研究，但是现有文献很少将这两个财务因素整合起来，综合分析环境不确定性与企业财务柔性之间的关系。随着财务柔性问题研究的不断深入，国内外学者逐渐注意到这一问题的理论和现实意义，相关的研究成果也处于不断丰富的过程中。

Arslan（2014）以及曾爱民等（2013）针对金融危机这一现实背景，

考察企业在金融危机时期，预先储备的财务柔性是否能够帮助企业摆脱困境，保证企业的平稳健康发展。研究结果均表明，在金融危机期间，预先储备了高额财务柔性的企业可以充分发挥财务柔性的预防和利用属性，保证企业在投资决策中有更多的选择空间，同时也避免了企业陷入财务危机的困境。同时财务柔性企业在金融危机时期的投资支出能够更好地提升企业未来几年的财务绩效。这些研究都从侧面证明了当企业的生产经营环境出现剧烈波动时，企业的财务柔性储备不仅能够帮助企业顺利渡过难关，同时还能够帮助企业在风险的危机中寻找到增强企业竞争实力、提高企业价值的机遇。Killi 等（2011）认为当外部环境相对稳定时，企业的正常生产经营活动不会受到巨大的影响，企业可以通过正常的销售和融资渠道保证自己拥有稳定的资金来源和充足的剩余举债能力。在这种情况下，企业对财务柔性的需求相对较小。但是当企业的外部经营环境出现巨大波动时，企业的正常经营受到强烈冲击，经营销售成果不能得到切实有效的保障，同时企业的外部融资成本也会显著提升，银行信贷供给出现紧缩，这都会导致企业对财务柔性需求的增大。因此，环境不确定性对财务柔性具有显著的影响，环境不确定性越大，企业财务柔性的价值也会随之提升。刘明旭（2014）研究了环境不确定性、企业特征和财务柔性之间的关系，他将财务柔性的价值视为一种选择权，认为其在本质上具备一种期权特征，资产价值的变动程度越大，则期权价值越高。也就是说，如果企业在决策的过程中受到多方面的干扰使得决策效果不能被有效地估计和判断，那么财务柔性的价值就会愈发显得重要。在实证研究中，刘明旭（2014）将环境不确定性细分为宏观环境不确定性、行业环境不确定性以及企业个体不确定性三个方面，更为细致地检验了环境不确定性对财务柔性价值的影响。实证结果表明，企业面临的环境不确定性水平越高，企业对财务柔性的需求也就越大。王满、许诺和于浩洋（2015）以我国上市公司 2009 ~ 2013 年的财务数据作为研究样本，以企业价值最大化作为落脚点，实证分析了企业在面临环境不确定性时，财务柔性是否能够帮助企业带来价值上的提升。通过在模型中引入财务柔性与环境不确定性的交叉变量，发现当企业面临的环境不确定性增大时，企业储备的财务柔性会对企业价值的提升发挥更为重要的作用。同时研究还表明，财务柔性的作用会受到企业实际控制人性质的影响。我国的国有上市公司大多规模庞大、实力雄厚，又能够得到政府的大力扶持，由于拥有天然的政治关联等优势，在政策支持、融资渠道以及融资额度等方面要比非国有上市公司具备更大的空间和竞争力，银行等金融机构出于对信贷资金安全性的考虑，更愿意将资金借贷给这些企业，因此受到的融资约束程度也更小，这就导致国有企业对于财务柔性的需求并没有那么强烈，财务柔性的储备水平也相对较低。随着环境不确定性程度的加剧，非国有企业储备的财务柔性对企业价值的提升作用将会更加明显。

综上所述，国内外学者对环境不确定性与财务柔性之间的关系研究仍然处于探索阶段，特别是环境不确定性对财务柔性动态调整的影响还需要进一步完善。环境不确定性是企业进行财务柔性储备的前提和基础，因此，环境不确定性与财务柔性动态调整之间的关系研究具有重大的理论和实践指导意义。

三、管理者过度自信对财务柔性影响的文献综述

（一）管理者过度自信的度量

由于管理者过度自信无法被直接观测，因此理论界在管理者过度自信的度量问题上也没有形成统一的具有权威性的定论。现有文献主要采用以下五种指标作为管理者过度自信的替代变量。

1. 根据管理者的股票期权或股票持有量来度量管理者自信

Malmendier 和 Tate（2005）认为出于个人利益和规避风险的考虑，企

业的管理者在获得了大量的股权激励时，应当会选择尽早行权，以避免自己陷入到企业的特定风险之中。如果企业的管理者并没有对这些期权和股票进行处理，表明企业的管理者对于自身企业的未来发展充满信心。如果企业的管理者在5年内并没有转让收益可以超过67%的期权或者将期权持有至到期或者企业的管理者习惯性增加公司的股票持有量，这三种情况只要管理者满足其中的任何一个条件，就可以判定企业的管理者是过度自信的。但是这种方法在我国存在着一定的局限性，我国上市公司股权激励制度并不成熟，进行股权激励的上市公司数量较少，这会导致实证研究中的样本数据规模较小，给实证回归结果带来一定程度上的偏差。因此郝颖等（2005）在这一方法的基础上，结合我国资本市场的实际情况，将三年内持股数量增加的管理者定义为过度自信。

2. 根据企业盈利预测偏差来度量管理者过度自信

Lin 等（2005）根据过度自信的心理特征，认为管理者过度自信会调高对企业未来盈利能力的预期，因此在对企业业绩进行预测时会高于实际情况。他们将乐观估计企业未来盈利水平的管理者定义为过度自信的管理者。王霞等（2008）借鉴这一方法，将样本时间窗口内至少有一次出现对未来盈利收益过高预期的管理者定义为管理者过度自信。

3. 根据企业管理者的薪酬来度量管理者过度自信

Hambrick（1992）认为管理者的自身价值会对其心理变化产生重要的影响，管理者的价值如果受到外界的不断肯定，表明管理者在企业内部发挥的作用和地位越重要，这会导致企业的管理者出现过度自信倾向。而企业管理者的薪酬是管理者价值的一个较为直接的体现，管理者的薪酬越高，越呈现出过度自信的倾向。姜付秀等（2009）以前三名高管的相对薪酬作为度量管理者过度自信的代理变量。

4. 根据企业的并购次数来衡量管理者过度自信

Doukas 和 Petmezas（2006）认为企业管理者频繁的并购行为体现出了管理者的一种心理波动，企业的管理者很有可能对并购产生的收益持过于乐观和积极的态度，忽略了并购行为可能给企业带来的财务风险。因此他们将三年进行5次及以上并购活动的管理者视为过度自信的管理者。

5. 根据主流媒体的评价来度量管理者过度自信

Malmendier和Tate（2005）通过手工收集主流媒体杂志对企业管理者的评价来创建管理者过度自信的度量指标。如果期刊杂志在评价某一公司的管理者时使用了Confident或Optimistic等词汇，即企业的管理者如果被主流媒体定义为乐观和自信的管理者，那么就将其定义为过度自信的管理者。

（二）管理者过度自信与财务柔性

国内外学者很少从行为金融学的角度，将财务柔性的相关问题同企业管理者的行为联系在一起，相关文献和研究成果较为匮乏。葛家澍和占美松（2008）认为财务柔性具有潜在的能力，而管理者的财务决策能力以及管理能力是激发这种潜能的一项重要依托。财务柔性是企业主动寻求的一种抵御外部风险、防范财务困境以及提升企业价值的手段和方法。它的价值来源于外部环境不可预测的冲击和波动，因此它的储备水平也依赖于企业管理者对外部环境的分析和判断，管理者的行为必然会对企业财务柔性的储备产生微妙的影响。过度自信理论作为行为金融学的重要研究成果，对传统金融学的理性人假设提出了质疑，认为过度自信是人类与生俱来、根深蒂固的心理特征，特别是在企业的管理层，由于企业的管理者在人生价值和控制权方面都获得了巨大的满足，因此过度自信会在其身上表现得更为突出（Cooper等，1988）。因此，管理者过度自信会对企业的生产经营状况出现不理性的判断，进而影响企业的财务柔性水平。

Shefrin（1999）的研究认为过度自信导致管理者过高估计企业的未来投资收益，使他们在融资决策的选择上更倾向于使用债务融资而不是权益融资，以防止公司的新股东分享企业的未来收益。Oliver（2005）将美国具有25年以上历史的企业作为一个独特的样本，实证研究了资本结构与管理者信心之间的关系。研究结果表明，管理者过度自信在解释公司的融资决策时发挥出了显著的作用。当管理者具有很强的自信心时，企业的负债水平也会显著提高。过度自信的管理者倾向于发行更多的债务。余明桂等（2006）以企业景气指数作为管理者过度自信的替代指标，实证分析了管理者过度自信与企业负债水平的关系。研究结果表明，过度自信的管理者会对投资项目的收益形成过高的评价，进而产生盲目投资的冲动，形成企业的过度投资，而当企业的内部现金流无法满足管理者的投资需求时，企业的管理者往往采用激进的负债融资决策，导致企业的资产负债水平大幅度提升。同时，过度自信的管理者会低估投资项目的风险，认为项目投资即便存在风险，也不会给企业的正常经营带来巨大的影响，更不会令企业陷入财务危机的困境。受到这两方面的综合影响，非理性的管理者往往倾向于选择提高企业的资产负债水平。实证结果也表明管理者过度自信与资产负债率尤其是短期债务比率呈现显著的正相关关系。江伟和黎文靖（2009）以总经理的年龄、任职时间以及两职兼任情况作为管理者过度自信的代理变量，实证检验了管理者过度自信与企业资本结构的关系。研究结果表明，管理者过度自信会提高企业的资产负债率，而董事会的独立性较强时，管理者的行为决策和判断偏差可以被企业的董事进行有效的纠正和制止，在一定程度上弱化管理者的过度自信行为。

综上所述，国内外学者大多是分开考察管理者过度自信与企业现金持有水平和负债水平之间的关系，很少有学者将二者综合起来，研究管理者过度自信对财务柔性的影响。虽然现有文献鲜有将管理者过度自信同企业的财务柔性直接纳入到同一研究框架之中，但是上述研究成果在理论和实证上依然能够为本书的研究提供丰富的借鉴和指导。

四、财务柔性动态调整研究的文献综述

现有文献大多是从静态的视角来研究财务柔性相关问题，很少有学者

关注财务柔性的动态调整问题。财务柔性作为企业的一项重要财务决策，它的价值一方面来源于它的预防属性，即企业可以通过前期的财务柔性储备避免其在发生财务困境时出现资金周转的困难或现金流的断裂，保证企业的生产经营水平不会受到严重的冲击。另一方面财务柔性的价值来源于它的利用属性，当出现有利的投资机会时，企业可以通过财务柔性的释放，迅速调动有限的优势资源，把握住稍纵即逝的投资机会，使企业在竞争激烈的经营环境中处于优势地位。因此，企业财务柔性的储备水平不是一成不变的，只有根据经营环境和经济形势的变化不断调整企业的财务柔性储备，才能够最大限度地发挥出财务柔性的作用。虽然现有文献对财务柔性动态调整的研究仍然处于探索阶段，但是财务柔性作为企业资本结构的一个全新的研究分支，资本结构的相关理论对于财务柔性问题的研究同样具有重要的借鉴意义。国内外有关学者对于资本结构的动态调整问题展开了较为深入的研究，获得了很多重要的研究成果，这些研究成果虽然不能为财务柔性的动态调整提供直接的数据支持，但是相关文献的研究思路和研究方法都为财务柔性的动态调整研究提供了重要的参考。

（一）环境不确定性与财务柔性动态调整

Cook 和 Tang（2010）认为宏观经济环境会显著影响企业的资本结构调整速度，并且企业的资金周转情况会对这种影响产生交叉作用。当宏观经济运行良好时，资金雄厚的企业财务杠杆水平较低，所以资本结构的调整速度也相对较快，而当宏观经济情况不好时，企业资本结构的调整速度会减慢。Antoniou 等（2008）采用面板数据和系统 GMM 估计法实证检验了以市场经济为导向的英美企业以及以银行为导向的法国、德国和日本的经济体是如何决定自身的资本结构的。其实证研究结果表明，企业资本结构的调整速度受到产业类型的影响。服务业企业同制造业企业之间的资本结构调整速度存在着显著差异，企业所处的行业环境会对其自身的资本结构调整产生重要的影响；不同国家的企业，资本结构调整的程度和有效性还取决于该国的法律规范程度和金融理念。Drobetz 和 Wanzenried（2006）

认为，运用时间虚拟变量无法有效地测度宏观经济环境，因此他们选用期限利差、短期利率、违约风险溢价和泰德价差四个宏观经济变量，实证检验了宏观经济环境对资本结构调整速度的影响。结果表明，宏观经济因素会对企业的资本结构调整产生显著的影响，期限利差、违约风险溢价和泰德定价与企业的资本结构调整速度存在正向影响，而短期利率则会降低资本结构的调整速度。

何靖（2010）分别以经济增长率、景气指数以及通货膨胀率作为衡量宏观经济环境的代理指标，采用广义矩估计（GMM）的实证回归方法，利用1998～2008年沪深两市378家上市公司组成的平衡面板数据，对宏观经济环境与资本结构调整速度之间的关系进行了实证检验。宏观经济环境具有不确定性，会对企业的生产经营形成外部的冲击，影响企业的投融资决策，进而作用于企业的资本结构调整。其实证研究结果表明，当宏观经济的发展相对繁荣时，企业会加快资本结构的调整速度；当考虑融资约束时，这一结论仍然成立，但不受融资约束的公司比受到融资约束公司的资本结构调整速度更快。闵亮和沈悦（2011）将我国制造业上市公司按照融资约束程度的不同进行了分组，实证检验了宏观经济冲击对企业资本结构动态调整方向以及速度的影响。实证结果表明，宏观经济冲击和企业自身的财务特性会对上市公司的资本结构调整产生联合影响。当宏观经济形势出现波动时，银行等金融机构出于对资金安全性的考虑会收紧企业的信贷规模，导致企业外源融资的代理成本和交易成本显著上升，企业的融资能力下降，资本结构的调整速度因此受到负面的影响。特别是对于那些受到严重融资约束困扰的企业，外源融资的渠道受到明显的限制，企业更多的是依赖内部财务资源来弥补资金上的缺口，这必然会阻碍企业的资本机构调整。因此，相比于非融资约束型企业，宏观经济冲击对于融资约束型企业的资本结构调整速度有着更为显著的影响，调整速度的波动起伏也更大。宋献中等（2014）结合企业的成长性，利用GMM估计法检验了货币政策对资本结构调整的影响。其结论表明，当货币政策处于宽松时期时，银行的信贷规模放大导致企业的外部融资成本降低，企业可以更为从容地进行资本结构的动态调整，此时的调整速度要快于货币紧缩时期。特别是那些高成长性的企业，由于在生产经营的过程中，为了扩大企业的规模，拓宽企业的销售渠道，提升企业的市场占有份额，将会更依赖银行的信贷支持，对外部融资的需求也更为强烈。因此，在货币宽松时期，高成长性企业的调整速度更快。

（二）管理者过度自信与财务柔性动态调整

Hackbarth（2008）的研究表明，过度自信的管理者由于对企业的投资收益充满乐观的预期，会造成企业出现过度投资的现象。过度自信的管理者为了满足投资项目在资金上的需求，会提高企业的债务融资比率，从而加剧了企业实际资本结构同目标资本结构之间的偏离程度。申毅（2013）以 2001～2010 年我国沪深两市 A 股上市公司的数据作为样本，在资本结构部分调整模型的基础上引入管理者过度自信的代理变量，实证检验了管理者过度自信对企业资本结构动态调整的影响。研究结果表明，过度自信的管理者由于受到锚定效应等心理活动的影响，会缺乏对资本结构动态调整的动力，从而降低了企业资本结构的动态调整速度。研究同时还表明，管理者过度自信对资本结构调整速度的影响，会根据企业负债水平的不同而产生较为明显的差异。相比于资产负债率较高的企业，负债不足企业的资本结构的调整速度相对更慢。房林林和魏巍（2015）将管理者年龄、任职时间以及文化程度等管理者背景特征因素作为度量管理者过度自信的代理变量，分别从调整速度和调整路径两个方向，采用探索性因子分析、最小二乘虚拟变量以及广义矩估计等多种模型方法，实证检验了管理者过度自信对资本结构动态调整的影响。实证研究结果表明，过度自信的管理者会高估自身的能力，低估企业发生财务风险的可能性，导致管理者忽视了资本结构的偏离程度。因此，管理者过度自信会降低企业资本结构的调整速度。另外，在资本结构调整方式的选择上，过度自信的管理者更倾向于使用外源融资，特别是债权融资作为企业资本结构的调整路径。过度自信的管理者由于在对自身的管理能力和决策水平上存在高估，对于控制权的敏感程度相对更高，采用权益融资的方式会为企业带来新的股东，稀释了企业管理者的实际控制权，分享了企业未来的投资收益，过度自信的管理者为了尽量避免这种情况的发生，会选择成本较低但是相对风险也较大的短期负债融资来调整企业的资本结构。

五、文献述评

伴随理论界和实务界对财务柔性重视程度的不断提高，财务柔性领域相关问题的研究也获得了长足的发展。国内外的众多学者对财务柔性的定义、财务柔性的影响因素、财务柔性的度量以及财务柔性的经济后果开展了一系列卓有成效的研究，取得了丰硕的研究成果。但是现有文献对财务柔性相关问题的研究并未形成统一的研究结论，学者们针对研究侧重点的不同，对财务柔性也有着不同的理解和诠释，这使得财务柔性的研究框架缺乏系统性和整体性，财务柔性的研究还需要进行更深层次的探索和挖掘。

通过对现有文献的梳理和总结我们发现，国内外学者大多是以静态的视角来研究财务柔性问题，并将研究的重点放在了财务柔性的经济后果上，这些研究虽然为企业的资本结构决策和投融资决策提供了大量理论上的帮助和数据上的支持，具有重要的现实意义，但是对财务柔性动态调整的研究同样不可忽视，国内外学者很少以动态的视角来研究财务柔性的动态调整。财务柔性虽然具有预防和利用属性，能够显著提升企业的价值，但是过高的财务柔性储备也会产生代理问题，削弱企业价值的提升，因此企业应当存在目标财务柔性。同时，财务柔性的储备并不是一成不变的，财务柔性的作用也体现在其不断调整的过程中，如果财务柔性不能根据环境的变化而进行合理有效的调整，那么财务柔性显然并没有发挥出其全部作用，也就不能最大限度地帮助企业实现价值的最大化。本书试图以现有研究为基础，建立财务柔性的动态研究框架，实证检验财务柔性动态调整的相关问题，将财务柔性的研究视角从静态转向动态。

现有文献虽然对环境不确定性与财务柔性动态调整的关系进行了一定量的实证研究，但是这些研究鲜有将企业内部管理者的心理特征因素纳入到财务柔性的动态研究框架之中进行综合的分析。将行为金融学的理论引入到财务柔性动态调整的研究框架中有着重要的理论和实践意义。财务柔性存在的前提是环境不确定性，财务柔性的储备是企业主动寻求的一种适应环境变化的能力，而这些因素都依赖管理者对企业自身的生产经营状况做出准确的判断。过度自信作为人类一项根深蒂固的心理特征，在企业管理者身上会变得更为明显。管理者过度自信会导致企业的管理者低估环境不确定性风险给企业带来的冲击，进而影响企业的财务柔性储备水平。因此，本书试图以财务柔性的动态调整作为研究的核心，将环境不确定性与管理者过度自信纳入到财务柔性的动态研究框架中来，综合企业的内外部因素，试图更为全面地分析财务柔性的动态调整问题。

第三章 理论基础

本章以动态权衡理论作为理论分析的核心，将委托代理理论、财务权变理论以及过度自信理论纳入到财务柔性动态调整的研究框架之中，对环境不确定性、管理者过度自信以及财务柔性动态调整三者之间关系的内在机理进行了理论层面的分析和梳理。

一、权衡理论与财务柔性动态调整

Modigliani 和 Miller（1958）创立了著名的 MM 定理，他们认为在完美的资本市场，企业无论是选择内源融资还是外源融资都不会对企业价值产生任何影响，企业的融资渠道选择不会受到任何内外部因素的影响。MM 定理的诞生开创了现代资本结构理论发展的先河，其后的学者都是在 MM 定理的基础上，逐步放开其严苛的假设条件，将资本结构的研究放入到现实的资本市场环境中，解释在现实环境中企业资本结构的决策问题。Kraus 和 Litzenber（1973）认为债务利息虽然具有税盾作用，可以帮助企业有效减少税前收入，但是过高的负债水平也会显著增加企业破产倒闭的风险，企业需要对这两方面因素进行有效的平衡。当财务困境成本、代理费用和风险债务三个因素同时被引入 MM 定理之中后，资本结构与企业价值之间的关系产生了微妙的变化，形成了著名的权衡理论。随着权衡理论的不断深入发展，逐渐发展出静态权衡理论和动态权衡理论两个方向。

（一）静态权衡理论

企业在进行资本结构决策时，要在负债的税收收益与财务困境成本之间进行权衡，这就形成了静态权衡理论的核心思想。可以用公式表示如下：

$$V = D + E = \overline{V} + PV_i - PV_c$$

式中，V 表示负债企业的价值；$\overline{V}$ 表示当企业完全不进行负债经营时的企业价值；PV_i 表示企业因债务利息的税盾效应而形成的税收收益；PV_c 表示因违约而产生的财务困境成本。

财务困境成本是指企业因到期负债无法偿付而给企业带来经济损失，包括财务拮据成本和破产成本两个部分（汪昌云，2006）。当企业的财务杠杆过大而出现到期负债无法偿还的风险时，企业会陷入到财务困境之中，只会给企业的生产经营带来一系列的连锁反应。例如，企业信誉会受到外界的严重质疑，导致债务再融资的利息率上升，可以贷款的额度降低，融资上的困难进而会影响企业正常的生产进度和战略发展，企业因此付出了惨重的代价。企业的资产负债率越高，陷入财务困境的可能性也就越大，随之给企业带来的利益损失也就越严重。Haugen 和 Senbet（1978）将企业的破产成本细分为直接成本和间接成本两部分，破产的直接成本是指企业因到期无力偿还债务而不得不进行破产和重组的过程中发生的现金流出。现金流出的形式包括破产的法律成本，如律师费用和相关的注册会计师审计费用；以及破产的管理成本，如企业资产的损失以及清算费用等。虽然破产的直接成本会给企业带来一定的价值损失，但是相关的破产案例表明企业直接破产成本所占的价值损失比例并不大。Warner（1977）以破产的 11 家铁路公司作为样本考察了企业的直接破产成本，研究表明企业的直接破产成本只占到了企业破产时公司市值的 5.3%。同时企业的直接破产成本与企业规模呈现显著的负相关关系，这意味着破产存在着规模经济，企业的规模越大，其破产时所花费的成本也就越小。因此，企业的破产成本主要来源于在企业申请破产保护之前发生的间接成本（Andrade 和 Kaplan，1988）。破产的间接成本一方面来源于债券投资者与股权投资者之间的代理冲突，如果公司的管理者以股东利益最大化作为企业的经营目标，当企业存在巨大的违约风险时，管理层很有可能会选择一些风险较大的投资项目，通过风险转移的方式，将损失转嫁给企业的债券投资者来承担。企业的管理者也可以通过更多的债务融资来支付股东红利，在降低债务市场价值的同时保持企业整体的价值不受大的影响，导致股东的损失远远低于其获得股票分红。甚至，管理层可能会使用一些手段来隐瞒公司出现的违约风险，在信息不对称的条件下，外部的债券投资者很难及时有效地掌握企业的经营和财务状况，延长了债权人执行破产或重组等权利的时间，相当于增加了债务的有效期限，将风险转移给了债权人从而使股东获利(Jensen和 Meckling，1976)。除了代理成本，破产的间接成本还包括企业发生违约风险时给其利益相关者带来的负面效应。首先，消费者如果察觉到企业有可能到期无力偿还债务，出于对自身利益的保护，与企业相关的消费者会不再购买其产品或服务，企业正常的生产和销售受到严重影响。其次，企业的上游供应商会提出严格的供货条件，降低其信用额度，避免企业出现恶意拖欠资金的情况。最后，企业在进行新一轮筹资时会受到严重的阻碍，企业外部的债券投资者和股权投资者都不愿意承担额外的风险，导致企业出现融资困难，无力再抓住更好的投资机会，形成恶性循环。Altman（1984）对企业的间接破产成本进行了实证研究，结果表明，破产前企业的间接破产成本占到了公司市值的 10.5%，远高于其直接破产成本。

静态权衡理论引入了均衡概念，为最优资本结构提出了理论上的可行性，是资本结构理论研究的一个重大突破。根据静态权衡理论的公式，当一个企业完全不进行负债经营，而是全部使用自有资金时，企业的价值为 V，当企业开始负债时，由于债务利息有税盾作用，企业的市场价值不断攀升，此时企业的价值为 $\bar{V}$。而当资产负债率到达一定程度之后，企业开始出现违约风险形成财务困境成本，但由于此时的债务税收收益要远高于破产成本，因此企业的价值依然在上升，只是幅度变小。随着公司资产负债率的进一步提高，企业的价值达到最大化（Scott，1977）。因为如果企业此时依然选择继续进行负债融资，企业破产成本将会高于负债带来的税收收益，企业的价值开始出现下降。综上所述，企业应当具备一个目标资本结构[①]，使企业的债务税收收益同企业的财务困境成本之间形成平衡。

（二）动态权衡理论

静态权衡理论虽然提出了最优资本结构的理论可行性，但是它只关注企业某一时期的资本结构决策，并没有对资本结构的动态调整进行全面的考虑。资本结构从本质上说是具备动态性的，静态权衡理论虽然可以帮助企业解决目标资本结构的问题，却也同样导致企业只能围绕目标资本结构来安排其融资决策，严重束缚了企业的发展，特别是对于那些成长性较高的企业，以目标资本结构为核心来安排企业的融资决策很有可能导致企业错过大量有利的投资机会，阻碍企业的发展。除此之外，企业长期保持目标资本结构需要花费大量的成本，在一定程度上也会影响企业价值的提升。针对这一系列问题，国内外学者对资本结构的研究从单一时期的利益权衡拓展到多个时期的权衡，形成了动态权衡理论。Marsh（1982）在研究中发现，企业会根据自身实际的负债水平同目标财务杠杆水平之间的差异确定融资方式，但是目标财务杠杆水平因为没有办法获得直接的观测，所以需要进一步考虑目标资本结构的影响因素。Brennan 和 Schwartz（1984）在研究中发现企业的债务比例并不是一成不变的，而是保持在一个相对区间之内，如果企业的资产负债率偏离了这个区间，企业就会进行重新的调整使其逐步接近企业的目标资本结构。

动态权衡理论认为，企业并不会时刻将自己的资本结构保持在最优的水平上，由于受到一系列企业内外部因素的综合影响，企业的资本结构可

① 相关学者也将目标资本结构等同于最优资本结构。

能会长期处于一个偏离的状态，因此企业会在不断调整的动态过程中安排其资本结构决策。企业的实际资本结构与其目标水平存在差异主要是由于两方面的原因：一是出现了随机的情况和意外的变化，导致企业不得不暂时改变原有的资本结构安排，之后逐步调整这种因为偶然事件而产生的偏差，使其回归到最优资本结构的水平上。例如，有企业抓住了一个对其扩大再生产极为有利的融资机会时，其资本结构就会偏离原有的最优目标。二是调整成本的存在。Myers（1984）认为如果不存在调整成本，企业的实际资本结构必然处于最优水平上。但是现实环境导致调整成本是必然存在的，并且企业的调整成本越高，企业偏离目标资本结构的时间就会越长，二者之间呈现一种正相关关系。调整成本主要包括固定成本和制度成本两部分，固定成本是企业在进行资本结构调整时不可避免的一些费用成本，包括会计费用、律师费用以及资产评估费用等，不同企业会因为公司规模等因素的不同而产生一些差异；制度成本主要来源于资本市场的摩擦和企业内部公司治理机制的相对落后。这些因素导致企业受到融资约束的困扰，从而增加了融资的机会成本。

近年来，随着动态面板数据在计量方面获得了突破性进展，使得资本结构的动态调整在实证研究方面也取得了许多重要的研究成果。Banerjee（2000）以美国和英国的上市公司作为样本实证检验了资本结构动态调整的相关问题。结果表明，资本结果的调整速度具有显著的个体差异性，同一个企业在不同的时点上的调整速度也会不同。企业的资本结构在大部分时间里都偏离其最优水平，资本结构调整的速度较为缓慢。通过国内外学者对动态权衡理论展开的一系列成果显著的实证研究，资本结构动态调整的合理性得到了进一步的证实，动态权衡理论已处于逐步完善的发展过程中。综上所述，动态权衡理论主要研究三方面问题，首先，公司是否存在目标资本结构；其次，当企业的资本结构发生偏离时，企业是否会采取措施进行调整；最后，企业向目标资本结构调整的速度是怎样的。现有文献分别对这三个方面进行了大量深入细致的研究，为动态权衡理论提供了数据上的支持。

（三）动态权衡理论对财务柔性动态调整的影响

动态权衡理论虽然主要运用在对资本结构动态调整的问题研究上，但是财务柔性作为企业资本结构一个新的研究方向，动态权衡理论同样可以为财务柔性动态调整的研究提供理论上的支持和借鉴。本书将动态权衡理论延伸到财务柔性动态调整的研究中来，将其作为理论上的基础和核心，同时借鉴国内外学者的研究思路，构建财务柔性动态调整的三个研究方向。首先，是目标财务柔性的存在性。企业预先储备的财务柔性具有提升企业的价值的预防属性和利用属性。当企业遇到具有突发性和偶然性的不利冲击时，财务柔性可以帮助企业规避可能出现的财务风险，保证企业的正常平稳运行，进而提升了企业的价值；而当企业面临有利的投资机会时，财务柔性又可以帮助企业及时调动优势资源，保证企业有能力抓住有利的投资机会，使企业在激烈的市场竞争之中处于优势地位，为企业价值的提升提供了资金上的支持（Gamba 和 Triantis，2008）。财务柔性的储备虽然能够有效地帮助企业提升其价值，但是企业在储备财务柔性的过程中必然是要付出一定成本的（Clark，2010）。随着财务柔性储备水平的提高，其储备的成本也会随之上升，必然会削弱财务柔性带来的价值提升，企业应当在财务柔性的储备成本和储备收益之间进行权衡来决定其当期的财务柔性储备水平，这符合动态权衡理论的内涵，即根据动态权衡理论，企业应当存在目标财务柔性水平。其次，如果企业的财务柔性储备偏离了其目标水平时，企业是否会进行调整。根据动态权衡理论的内涵，企业虽然存在目标财务柔性，但是由于外部环境处于不断变化的过程中，企业需要根据自身的经营状况和财务状况进行不断的调节以适应这种变化，这就使得企业的财务柔性储备不可能一直保持在目标水平上，企业的财务柔性储备会出现不断偏离其目标水平的情况。另外，企业的目标财务柔性也不是一个恒定不变的指标，它会根据企业内外部环境的变化以及企业战略目标和投融资决策的改变而产生不断的波动。Leary 和 Roberts（2005）通过建立一个资本结构动态多期模型实证检验了企业是否会进行资本结构的动态调整，结果表明，企业会积极调整资本结构使其处于理想的范围之内。最后，财务柔性动态调整是否会受到相关影响因素的阻碍。资本市场存在着各种摩擦，代理成本、信息成本以及融资约束等多方面问题导致企业在调整的过程中需要支付一定的成本，而调整成本的存在阻碍了企业财务柔性储备向目标水平方向上的调整。根据动态权衡理论，企业的财务柔性调整并不能一蹴而就，企业的财务柔性储备应当遵循一个部分调整的过程。

二、委托代理理论与财务柔性动态调整

（一）委托代理理论

委托代理的思想起源于两权分离制度，企业所有权和经营权的分离使所有者和经营者的权力和责任更为明晰，促进了现代企业的发展。Ross（1973）率先给委托代理这一问题进行了定义。他认为存在双方当事人的情况下，代理人从委托人的利益角度出发进行决策安排，从而形成了委托代理问题。Jensen 和 Meckling（1976）在此基础上对委托代理问题进行了更为完善和全面的定义，他们认为委托代理是一种契约关系，是代理人从一位或多位委托人手中获得授权，使其有资格代表委托人行使某些特定的决策。在股权分散制度下，企业的股东数量较多而持股比例较低，单个股东对企业没有绝对的控制权，而让所有股东都参与到企业的经营和管理中既不现实同时也缺乏效率，所以通过选取职业经理人来专门负责企业的经营和管理是较为有效的解决办法，因此现代企业最为明显的特征就是所有权与经营权的分离。但是经理人和股东之间存在着利益上的不一致，经理人的利益大多来源于委托人支付的报酬而不是企业的经营收益，因此企业的经理人很有可能为了谋求个人利益做出一些损害委托人利益的决策，这

就形成了委托代理问题。委托代理问题普遍存在于现代企业中，企业很难彻底消除这一问题。

委托代理理论主要包含了三个基本假设，第一个基本假设是委托代理理论的存在假设，即委托代理双方存在着信息不对称和目标函数上的矛盾。Grossman 和 Hart（1983）的研究表明，委托代理双方的信息不对称主要反映在两个方面：一方面，在建立委托契约之前，企业的股东由于受到能力和时间上的制约，需要聘请职业的经理人来处理企业的各项经营和投资决策。但是由于信息不对称问题的存在，委托人没有办法了解代理人的所有信息，代理人的能力是否能够胜任企业的经理人职位，是否具备足够的水平来满足委托人对企业未来发展规划的要求，企业的所有者无法做出准确的判断，委托人在信息的获取上处于劣势地位。另一方面，建立委托契约之后，企业的所有者将企业日常经营和管理的控制权交给了代理人，使得代理人对于企业的发展现状和存在的问题有着更为深刻的了解，所掌握的企业内部各方面的信息也会多于委托人。但是从自身利益的角度出发，职业经理人通常很难做到与企业所有者之间形成信息的完全共享，委托人在企业生产经营状况的信息获取上处于劣势。委托代理双方目标效用函数上的矛盾是导致委托人与代理人之间利益不一致的根本原因。委托人作为企业的所有者，在实现企业稳定高速发展的同时也希望获得更多的利益回报。从股东价值最大化的角度出发，委托人会要求代理人在保证收入稳步增长的前提下尽可能地压低成本和费用，同时希望减少对公司管理者的激励成本。代理人作为企业的管理者，其利益主要来源于合同规定的报酬，企业利益的增加并不会为其带来更大规模的回报。因此出于对自身利益的考虑，企业的管理者希望在提高回报的同时减少付出，由此形成了双方利益上的冲突。针对这一问题，委托代理双方需要设计一套更为合理的契约来保障双方的利益不会受到损害，这就形成了委托代理理论的第二个假设，契约必须具备合理性，这也是解决委托代理问题的根本假设（Brockman 和 Unlu，2009）。由于委托代理双方存在着信息不对称的问题，企业管理者付出的努力很难被企业的所有者直接掌握，导致委托人支付的报酬与管理者付出的努力不匹配，此时就会诱发企业管理者的自利行为和道德风险。委托代理理论认为委托代理双方签订的契约应当具备合理性和可证实性，代理人可以通过契约的相关条款保证自身的利益不受损害，同时委托人也可以通过契约或者相关机制来保证代理的付出不会被忽略（杨瑞龙，2005）。合理的契约可以引导代理人的决策以委托人的利益最大化为目标，减少双方的利益冲突。从理论上讲，委托代理问题可以通过完备而合理的契约完全消除，但遗憾的是，在现实生活中，完美的契约几乎是不可能存在的。Hart 和 Morre（1999）研究认为，由于存在某种程度的有限理性或交易费用，现实中的契约是不完全的。首先，契约的制定会受到多方面因素的影响，这些因素构成了契约的复杂属性，而制定契约的委托人不可能将所有影响因素全部考虑周全，即使将这些因素全部纳入到契约框架中来，执行这个契约就需要花费高昂的成本，这显然会影响委托人的利益。其次，契约具有时效性。随着经济活动和竞争环境的不断变化，契约的合理性会随着时间的推移而逐渐降低，委托人由于无法准确预测未来可能出现的复杂情况，导致现在看起来较为完备的契约在未来可能出现不合理的问题。最后，即使代理人出于自身利益的考虑刻意隐瞒了某方面的信息，由于信息不对称问题的存在，委托人也很难察觉到，这也导致了委托人没有办法制定更为完备的契约。由于契约很难被合理制定，这就导致委托代理双方的利益矛盾很难被完全消除，只要委托代理双方存在这种利益上的冲突，哪怕是程度很小的矛盾，也会诱发代理人的机会主义行为。委托代理理论的最后一个假设是契约必须符合参与约束和激励内容，这也是解决委托代理问题的最后一个假设。委托代理双方在契约的制定上应当限制企业所有者对公司在经营管理上的干预，将权利充分下放给企业的管理者，同时也要配套相应的激励措施，在某种程度上满足管理者在利益上的需求，引导管理者按照企业所有者的意愿来进行决策。

（二）委托代理理论对财务柔性动态调整的影响

财务柔性的储备主要依赖于现金柔性和负债柔性，现金柔性是指企业的现金持有水平，而负债柔性是指企业的剩余举债能力。通过委托代理理论我们可以清晰地认识到，这两种储备财务柔性的资源会给企业的管理者带来更大的寻租空间，财务柔性储备水平的不断提高会加剧企业的委托代理问题。关于委托代理理论对财务柔性动态调整的影响，主要可以从以下两个方面进行研究。

一方面是股东和经理人之间的代理问题对财务柔性价值的影响。两权分离制度导致委托人和代理之间存在利益上的冲突和矛盾，经理人很可能会为了谋求一己私利而做出一些损害企业价值的决策，导致财务柔性形成了负面的价值效应（Jensen 和 Ruback，1983）。委托代理理论认为冗余很可能是代理问题产生的一个重要来源，严重阻碍了企业经营的有效性。而财务柔性的储备恰恰又为企业的资源冗余提供了方便。代理理论认为冗余资源会为企业的管理者带来巨大的好处，由于企业的管理者出于对自身权利、金钱以及工作安全性的追求，在目标选择上与委托人之间存在偏差，导致企业的管理者很有可能利用冗余资源进行过度的分散投资和多元化扩张，甚至是逃避工作的压力和困难。当企业存在过多的冗余资源时，管理者会出现盲目乐观的情绪，忽视了潜在的经营和财务风险，降低了对外界环境变化的感知力和敏感性，企业管理者陷入到对现状的满足之中，决策的主动性也大为丧失，从而影响了企业的绩效，损害了公司的价值。另外，当企业持有大量现金时，现金的机会成本也会提高，增大了企业管理者滥用现金的可能性。Jensen（1986）提出了自由现金流假说，自由现金流是指在净现值为正的投资机会所需资金得到充分满足的前提下，企业当期的剩余现金流量。他认为当公司拥有大量自由现金流时，掌握这部分剩余资源的企业管理者并不会将其转换为股利返还给企业的所有者，而是会从自身利益的角度出发将其应用到扩大企业投资规模方面，导致企业出现过度投资的问题，对企业的投资效率产生负面的影响，从而降低了企业的价值。通过对股东与经理人之间的代理问题分析，本书认为过高的现金柔性储备会为管理者的利己主义行为提供更为宽广的选择空间，增大了企业的财务柔性储备成本，损害了财务柔性对企业价值的提升，企业应当存在目标财务柔性。

另一方面债权人与经理人之间的委托代理问题同样会影响财务柔性的价值。自由现金流假说认为，负债是帮助企业缓解代理问题的一项重要手段。企业负债经营的一个最显著特点就是存在着到期还本付息的压力，债权人以固定的利率将资金借贷给企业，并要求企业按期足额偿还利息和本金，这在一定程度上会使企业的现金流定期流出企业，降低了企业因大量持有现金而产生的代理成本。负债具有强制性，能够有效地降低经理人使用自由现金流进行过度投资的可能性。另外，进行大规模的举债经营很可能会使企业陷入到财务困境之中，企业的管理者面临着巨大的经营压力，一旦企业的资金链出现断裂，企业没有办法定期偿付债务的利息和本金，就会陷入到财务危机之中甚至可能出现破产倒闭的情况。举债经营对管理者起到激励和督促的作用，促使经营管理者能够更多地站在企业角度而不是个人角度为企业服务。通过对债权人与经理人之间的代理问题分析，本书认为过高的负债柔性储备会降低企业外部债权人对管理者行为的监督和约束，导致企业的管理者在政策的制定和实施上有更大的选择空间，从而增加了企业的财务柔性储备成本，损害了财务柔性对企业价值的提升。因此，企业在进行财务柔性储备的过程中，应当在储备收益同储备成本之间进行权衡，企业应当存在目标财务柔性。

三、财务权变理论与财务柔性动态调整

（一）财务权变理论

20 世纪 70 年代的美国由于受到石油危机的影响，经济波动程度剧烈，阻碍了企业的正常有序发展，传统的管理理论如科学管理理论以及行为管

理理论等，都是以企业内部的相关因素作为出发点，来寻找企业最佳的经营管理模式。但是当企业面临突发问题或临时状况时，这些理论在指导企业管理上的作用就显得捉襟见肘。正是在这种情况下，经验主义学派开创了一种新的管理理论即权变理论。“权变”顾名思义，就是指权宜应变，当企业正常的经营管理出现问题时，应当因地制宜、随机应变，根据问题的不同而做出不同的调整和决策。权变理论的核心思想主要包括三个方面，首先是决策的灵活性。企业组织作为人类社会一个重要的组成部分，在其向前发展的过程中不可避免地会受到社会环境的影响。这种影响会给企业的健康发展带来机遇，为企业的快速扩张提供条件，也有可能会对企业的正常生产经营带来负面的干扰。不同企业组织面临的环境变化情况多种多样，企业应当针对环境和情况的不同，采取灵活的措施对这些问题做出及时有效的应对，保证企业无论是处于经济发展的顺境还是逆境，都可以实现企业价值的稳步提升。其次是企业应当设立目标。每个企业都应根据自己的战略发展规划制定行之有效、较为详细的短期和长期经营目标，保证企业在外界条件出现变化时，可以根据既定目标选择最为合理和有效的管理方式，做到有的放矢、有据可循，不会在决策的过程中偏离企业的发展方向。最后是分析影响因素。企业管理最重要的一点就是要充分掌握企业活动包含的各种要素之间的相互作用关系。在选择管理方式之前，一定要充分理清企业活动各要素之间的关系类型，进而推导出这些影响因素与管理活动之间的函数关系。

财务权变理论认为企业处在一个日趋激烈的竞争环境之中，为了能够在这场竞争中脱颖而出，保证企业的长期稳定发展，企业会沿着资本结构演化的路径，依托外部环境和内部因素的变化，对自身的资本结构进行动态调整，使企业的资本结构处于最优的水平，进而实现企业价值的最大化。财务权变理论具体到企业的实践过程中表现为财务权变能力，具备四个显著特征。首先是路径依赖性，即这种能力会跟随者企业的发展不断演化，具有一定连续性。其次，财务权变能力是资产专用型，它不是商品，企业没有办法通过市场交易获得，只能依靠企业内部自身的活动要素和资源状况自主探寻。再次是强烈的知识特征，它是企业根据过去的管理经验，经历漫长的时间进行不断的学习、积累和总结的产物。最后是价值创造功能，能够帮助企业采取灵活的措施应对企业内外部环境的变化，使企业在激烈的竞争中占据主导和先机，实现企业价值的最大化，推动企业战略发展规划稳步向前迈进。

财务权变理论包含路径依赖、外部环境、内部因素以及可持续发展四个维度（王欣和王磊，2012）。路径依赖是指企业资本结构发展的历史和经验，会对企业未来资本结构的调整产生巨大的影响。由于企业是社会系统的一个重要组成部分，所以它的经营和发展不可避免地受到社会大环境的持续影响。内部因素是企业进行资本结构调整时的决定性因素，企业外部环境的变化最终会通过各种路径传导到企业内部，使企业内部的各种要素产生相应的改变，导致体现在企业的资本结构动态调整上。财务权变理论的根本目标是要通过强化企业的资本结构调整能力，保证企业的可持续发展战略。所以财务权变理论的这四个维度互相依存，共同构成了企业资本结构动态调整的研究框架。

1. 路径依赖

David（1975）首次在研究中提出了路径依赖问题，Arthur（1989）在技术演进中对这一思想进行了更为深入的完善和发展。North（1990）在社会制度变迁领域的研究中引入了这一思想。他认为历史因素与偶然性共同决定着路径发展的过程，过往的历史经验以及决策结果的不同，会导致行为者的主观判断存在着较为显著的差异，这种差异又会导致其做出不同的决策选择。早先的资本结构研究忽视了路径依赖的巨大作用。在资本结构研究的过程中，财务权变理论认为路径依赖是企业资本结构调整的一项重要特征，即企业的资本结构调整选择往往依赖于企业过去的资本结构历史发展进程。无论企业处于怎样的发展时期，企业都存在着资本结构的调整问题，而这些调整都具备一定的连续性，体现了企业长期的战略发展规划，并对企业未来的资本结构调整提供了重要的借鉴价值。

2. 外部环境

企业组织作为社会发展的一个重要推动力量，其融资决策和资本结构决策都会受到社会大环境的显著影响。社会变革会给企业的经营发展带来不可避免的外部冲击。外部环境又可以细分为宏观经济环境和行业环境两部分。宏观经济环境包括国际经济形势以及我国的宏观经济政策。就国际环境而言，随着世界经济一体化进程的加快，国家地区之间的贸易交流日益频繁，贸易壁垒逐渐消除，不同国家之间的企业交流更为密切。国际经济环境显然已经成为了企业在进行资本结构调整时必须考虑的一项重要因素。我国正处于市场经济转型的关键时期，货币政策、财政政策以及资本市场环境会给企业的发展带来巨大的影响，已经逐渐成为企业在资本结构调整过程中优先考虑的因素。就企业所处的行业因素而言，行业竞争程度、行业的生命周期以及行业进入条件等都是企业在进行资本结构调整时需要着重考虑的因素。财务权变理论要求企业要时刻关注企业外部环境的变化，不断地根据形势的变化来调整自身的资本结构，达到资本结构的最优水平。

3. 内部因素

影响企业资本结构调整的核心力量是企业的内部因素，它来源于企业在发展过程中形成的长时间的资源优势积累，是企业核心竞争力的重要体现。不同企业由于在成立时间、战略目标选择以及管理能力上存在差异，导致企业在规模、成长性以及盈利能力等多方面企业特征因素上会有明显的不同，进而使得企业在进行融资决策和资本结构调整的选择上出现显著的不同。相比于外部环境因素，企业内部特征因素对资本结构的影响更为直接，也相对更容易控制和管理。例如，企业要进行战略转型，就必然会伴随着资本结构的调整；如果企业希望扩大自身的生产经营规模，那么企业很有可能进行外部融资，从而影响了企业原有的资本结构。现有研究并没有对企业内部因素是如何影响企业资本结构这一问题给出合理和明确的说明，大部分学者分析认为外部环境的剧烈波动导致企业需要调整资本结构以适应环境的变化，但是企业所能够做出和采用的资本结构调整决策往往是由企业内部特征决定的。

4. 可持续发展

1972 年联合国在人类环境研讨会上首次提出可持续发展的概念之后，

这一理论迅速渗透到社会发展领域的各个方面。财务权变理论将可持续发展作为最终的落脚点和根本目标，认为从企业战略发展的角度看，可持续发展应当是企业价值的持续增加，这也符合企业战略发展的最初设想。财务权变理论认为，企业应当在尊重历史发展规律的基础上，结合企业的内外部因素，优化自身的资本结构，实现企业价值的最大化，保证企业的可持续发展。企业财务权变能力是一种核心能力，能够为企业带来竞争优势，进而确保企业的可持续发展。

（二）财务权变理论对财务柔性动态调整的影响

权变作为一种财务理论体系，其研究的视角是将不确定性与财务运行系统相结合，研究的内容是不确定性条件下企业的财务管理行为。因此，不确定性和风险是权变理论研究的前提和出发点，对企业内外部影响因素进行综合的分析是权变理论研究的核心所在。不确定性作为现代企业生产经营环境的一项最重要的特征，同时也是财务柔性研究产生的前提和基础。以权变理论理论作为支撑，研究环境不确定性与财务柔性动态调整之间的关系有重要的理论和实际意义。

环境不确定性从纵向上可以细分为企业个体不确定性、行业不确定性以及宏观不确定性；从横向上可以划分为产品市场的环境不确定性和资本市场的不确定性（万良勇和饶静，2013）。企业内部进行柔性管理，包括财务柔性的储备，从本质上说是企业为了应对环境中的不确定性，而财务柔性的预防和利用属性也只有在不确定的环境中才能更好地发挥其作用。财务柔性从某种程度上说具备期权特征，是应对企业未来环境变化的一种选择权。当财务柔性被视为是一种期权选择时，外部环境的波动性对企业决策灵活性的要求程度越高，财务柔性的价值也就越大（刘明旭，2014）。如果环境的变化是可以预期的，那么企业将按照传统的资本结构理论来指导其管理和决策，企业储备的财务柔性将没有任何价值可言。因此，环境不确定性的程度越大，企业储备的财务柔性越能够在应对不利冲击或把握投资机会中发挥出更加强有力的作用，进而提升企业价值。

环境不确定性与财务柔性动态调整之间的关系主要可以细分为三个方面，首先，财务柔性对环境不确定性具备一种缓冲能力（赵华和张鼎祖，2010），它是企业为了应对环境变化而事先准备的财务资源。当企业经营的内外部环境出现变化时，企业可以通过事先储备的财务资源，将柔性资源的潜在能力转化成为现实能力。柔性资源为企业实现财务战略调整提供了强有力的物质保障，同时为企业提供了一种缓冲环境变化的能力，避免企业在遇到不利冲击时诱发财务困境。其次，财务柔性对环境不确定性具备一种适应能力，当环境发生变化时，企业会调节自身现金持有水平和负债水平，增强企业的资源流动性（Baum 和 Ozkan，2006）。这种调整可以迅速帮助企业在不改变原有战略发展规划的前提下，及时适应财务环境的变化。这既是财务柔性存在的重要表现形式，同时也是企业保证其可持续发展的一项重要手段。最后，财务柔性对环境不确定具备一种创新能力（赵华和张鼎祖，2010）。创新能力使企业具备了主动出击改善外部环境的内涵属性。无论是缓冲能力还是适应能力都是企业被动防御环境变化的一种体现，而创新能力的出现则使财务柔性完成了从被动防御到积极主动寻求改善环境变化的转变。企业也通过建立新的管理模式和财务决策机制，改变自身的内部特征因素，主动影响外部环境的变化。创新能力为柔性的可持续发展提供了源源不断的动力，当环境不确定性加剧时，企业会更加重视自身的创新机制，通过建立各种新模式和决策选择来应对环境的变化。反过来，这些新模式和新机制也会潜移默化地影响周围的环境，使环境在一定程度上出现改变，创建出新的不确定性环境，以确保企业在激烈的竞争环境中处于优势地位。由于企业具备学习能力，企业可以通过不断的学习，掌握新的技能，通过创新来重新刻画环境。财务柔性不仅可以满足企业创新所需要的财务资源，同时又为企业刻画出新的不确定性环境，以确保企业在激烈的竞争环境中处于优势地位，为下一个财务柔性循环提供良好的战略基础。因此，当企业的经营环境出现剧烈波动时，为了满足财务柔性储备对企业资源配置的需求，企业的财务柔性水平应当根据环境的变化进行及时有效的调整，环境不确定性是企业进行财务柔性动态调整的一项主要动因。

四、过度自信理论与财务柔性动态调整

（一）过度自信理论

Burrel 和 Bauman（1951）首次提出了行为金融理论，认为应当将心理特征因素纳入到财务理论的研究中，在衡量企业的投资收益时，不仅要根据企业特征因素建立模型，同时也应该考虑投资者的行为模式。行为金融理论对传统金融理论的理性人假设提出了质疑（Simon，1955），认为理性人假设不能帮助传统金融理论很好地解释企业在经营决策过程中出现的异常行为，人类的心理因素会在一定程度上对企业的财务决策行为产生干扰，进而直接或间接地影响企业的财务活动。随着行为金融学研究的不断深入，行为金融理论也将非理性人假设从投资者拓展到了企业管理者层面，认为企业的管理者在财务决策判断上同样会受到情绪波动以及喜爱偏好上的影响，导致企业的管理者没有办法完全理性地按照传统金融理论中要求的模式进行决策。Heaton（2002）认为管理者出现非理性行为，主要是受到以下三种原因的干扰：一是存在套利机制。传统的金融学理论认为资本的价格与其内在价值存在偏差，而套利是解决这一问题的有效手段。但是这一结论是建立在套利无风险、无成本的基础上得出的，在现实的资本社会，套利存在着潜在的风险和交易成本，并不能够及时修正资本的定价偏差，反而进一步诱发了企业管理者的非理性行为。二是管理者无论是在知识储备还是能力学习上都存在着局限性。非理性的管理者可以通过经验学习使自己在决策过程中变得更为理性，但是这种能力的学习和经验的积累会受到外部因素以及自身天赋的限制，降低了学习的有效性。三是内

部激励机制的刺激。激励奖惩制度的存在使得企业更看重管理者的绩效，非理性管理者的相对激进的决策虽然会面临更大的风险，但是一旦成功，企业的管理者就很有可能获得晋升的机会。因此，激励机制往往无法有效地修正管理者的非理性行为，甚至会加剧这一情况，管理者过度自信的程度越高，其晋升的机率也就越大。

管理者非理性的表现可分为多个方面，过度自信是其中一项重要的认知偏差。过度自信理论是行为金融学的一项重要研究成果，是企业管理者心理特征的一项重要体现。认知心理学认为，过度自信是人类与生俱来、根深蒂固的一种心理特征，特别是企业的管理者更容易产生过度自信的情绪（Cooper 等，1988）。导致管理者过度自信的原因主要有以下几个方面：

1. 自我归因

Gervais 和 Odean（2001）在对管理者过度自信的研究过程中发现，企业的管理者存在着自我归因。自我归因是指人们会认为自己的能力水平要比绝大多数人强，即便有些事件的成功是源于偶然，人们依然会认为自己出色的能力是事件能够成功的关键，而不是因为运气。同时，自我归因会导致企业的管理者将失败的决策归因于外部无法控制的干扰因素，如客观环境以及运气差等方面。自我归因是管理者过度自喜的一项重要特征，管理者会因为正确的财务决策而产生沾沾自喜的情绪。管理者多数属于成功的精英人士，自我归因的偏差通常会体现得更为严重。由于管理者很难通过系统的理性学习来不断修正这种观念，因此在自我评估方面很难做到准确有效，就会进一步诱发企业管理者过度自信的心理情绪。

2. 控制幻觉

Langer（1975）的研究表明，企业的管理者容易出现控制性幻觉。如果管理者认为一项事件的发展预期处于自己可以控制的范围之内，那么他们会显得过度自信。个人的能力和成功的历史经验会增强人们对控制某一事件发展结果的自信，导致人们对事件成功概率的预期超过了实际的客观情况。March 和 Shapira（1987）认为控制幻觉的存在使得管理者往往认为决策成功的关键源于自身的能力水平而忽略了其他相关的外部干扰因素。

但是实际上，控制幻觉并不会对事件的发展结果产生直接影响，反而会通过对管理者心理的暗示，让管理者产生自我感觉良好的错误判断，对自身的能力水平产生不符合实际的过高判断，导致了管理者过度自信的产生。企业的管理者往往都认为决策的发展结果都处于自己的控制范围之内，不会产生突然的变化和巨大的偏差，因此会低估决策发生风险的可能性，导致未来的发展规划不够充分同时也缺乏相关的风险防范应急措施。另外，管理者直接管理企业的重大投资项目和财务决策，手中拥有能够对企业发展产生重大影响的控制权，他们往往会认为企业发展的命运掌握在自己手中，产生了较大的控制幻觉，从而加剧了过度自信的程度。

3. 参考点模糊

如果某些问题经常重复出现，而决策是否有效的参考点比较明确，决策结果也能被很快获得时，企业的管理者能够较为客观地评价自身决策是否成功。但是对于企业的管理者来说，资本市场所有投资项目的组合都是进行投资决策的参考点，而且这个参考点所有信息并不能够被完全有效地获得，决策结果往往也要经历一个漫长的时间跨度才能显现，这个结果也不具有绝对的准确性，这就不可避免地导致企业的管理者对自己的判断和估计产生过度的自信。

4. 逆向选择

Goeal 和 Thakor（2008）的研究表明，信息的不对称会导致企业的所有者与管理者之间出现逆向选择。由于企业的所有者在聘用企业的管理者时，无法全面掌握和了解聘用者的信息，导致那些乐观和过度自信的管理者往往更容易获得青睐，更容易获得企业的管理职位。另外，很多企业的所有者在聘用时往往将乐观和过度自信看作是管理者能力和水平的一种外在体现，认为这样的管理者对企业的战略规划有着更高的预期和目标，更利于企业未来的发展。因此过度自信的管理者往往更容易被受到重用。

（二）过度自信理论对财务柔性动态调整的影响

企业的管理者对环境复杂性的主观判断和反应会在一定程度上决定企

业面临的环境不确定性的程度，相对于环境本身，企业的管理者对环境变化的主观判断显得更为重要。因此过度自信在一定程度上会直接影响环境不确定性对企业财务柔性动态调整的方式和速度。

1. 锚定效应

Kahneman 和 Tversky（1974）研究认为，投资者在评估决策行为时会受到起始定位值的影响。由于人们在思维上具有惰性特征，导致很难改变某些根深蒂固的原有观念和看法。锚定效应认为，人们对相关不确定性的估计和判断往往基于某个初始的概率，外部环境反馈的信息通常很难完全修正人们的心理初始预期，导致相关的调整经常出现不够充分的情况，甚至有时会出现错误的判断。同时，企业的管理者不仅不会调整初始值，反而产生了相反的作用，将新信息看作是一种对初始概率的有效证明，坚定了企业管理者对初始概率的判断。管理者的决策会受到锚定效应和调整偏差的影响，企业管理者往往更看重企业初期的资本结构，即便外部环境的变化要求企业进行资本结构的调整，由于受到保守主义的心理影响，管理者会做出调整不足的资本结构决策，甚至会出现资本结构的反向调整。Lovallo（2003）认为管理者在设定初始目标时会参考对某些问题的预测结果，并根据反馈的信息和环境的变化来调整初始的预期目标。但是由于存在着调整的不充分性，导致这一目标在最初设定时就可能是不切实际的。

2. 框定偏差

“框定”顾名思义，是指在进行决策或描述问题时建立一个框架范围，同时将影响因素纳入到这个框架范围之内，从多个角度来分析问题。管理者在进行决策的过程中需要参考历史的经验及背景进行综合的分析，并不是孤立地、毫无联系地看待一个问题。管理者的判断与决策在很大程度上依赖于相关问题所表现出来的模糊框定，而模糊的框定又会导致管理者的认知缺乏有效的参照形成框定偏差。管理者对一个问题进行判断和评估时会因为受到某些信息的影响，而导致其被动地形成了对某一类问题的研究框定。同时，企业的管理者也会遵循以往决策目标的框定模式对相关问题进行判断和分析，从而产生判断的偏差。过度自信的管理者对过去的决策有较高的成功预期，会影响未来的决策框定，使其产生僵化的调整模式，而不会根据实际情况的变化进行合适的调整。

3. 应用失误

应用失误是指尽管企业的管理者获取了充分的信息，并根据环境的变化理性地做出了正确的判断，但是用这些信息和判断来指导企业决策时，依然会受到各种不可控的外力因素的干扰，导致决策出现失误，决策结果偏离了最开始的预期。由于管理者精力以及时间的有限性，导致其在决策过程中不能保证随时都处于高度集中和理性的状态，难免会受到外界环境的干扰。当决策时间跨度延长时，企业的管理者很难保证自己不出现细微的失误，从而导致目标的偏差。过度自信的管理者更多关注外界的利好信息，同时会将这种信息贯穿到决策的过程中，导致该信息的利好被全面放大，进而产生了决策的偏差。

4. 认知失调

人类在潜意识里是不愿意接受和承认失败的痛苦的，当企业的管理者被告知其掌握的信息有误，或者有证据证明其决策的前提条件和出发点出现偏差时，管理者会产生一种扭曲的抗拒心理，这种抗拒心理来源于管理者对错误认知的后悔情绪，同时管理者又倾向于能够避免这种后悔情绪，产生后悔厌恶的心理（Benartzi 和 Thaler，1995）。管理者会坚持自己的信念和看法，对新的信息采取回避和不接受的态度，来减轻心理上因为认知失调而产生的痛苦。过度自信的管理者如果出现认知失调，会采取高估自身能力的方式，坚持自己的决策方案。为了减轻认知失调带来的心理痛苦以及外界对决策的质疑，管理者会急于采取行动，忽略对相关风险的考虑。另外，当决策结果没有达到预期目标，出现偏差时，企业管理者也会故意采取忽略的态度，既不调整也不改变，坚持原来的看法。

五、本章小结

本章首先以权衡理论为基础，结合委托代理理论，对企业目标财务柔性的存在性进行了理论分析，为财务柔性动态调整研究奠定了理论基础。其次，结合财务权变理论，对环境不确定性与财务柔性动态调整之间的关系进行了理论分析，认为环境不确定性是企业进行财务柔性动态调整的一项主要动因，企业的财务柔性储备会根据环境的变化进行积极的调整。最后，将行为金融学中的过度自信理论引入到财务柔性动态研究的理论框架之中，将环境不确定性与管理者过度自信对财务柔性动态调整产生影响的内在机理进行了深入分析，认为过度自信在一定程度上会直接影响环境不确定性企业财务柔性动态调整的敏感性。

第四章　财务柔性动态调整的实证检验

本章首先从财务柔性的缓冲效应和代理冲突两个方面对目标财务柔性的存在性进行理论分析，并提出企业的财务柔性储备存在向目标方向进行调整的研究假设。其次，通过构建财务柔性均值回归模型对研究假设进行了实证检验。最后，对实证分析结果进行了稳健性检验。

一、理论分析与研究假设

（一）财务柔性的缓冲效应

赵华和张鼎祖（2010）在企业财务柔性的本原属性研究中，认为企业所处经营和投资环境的不确定性及其动态变化是财务柔性存在的前提和基础。财务柔性具备一种以“不变应万变”的缓冲能力。当企业经营的内外部环境出现变化时，企业可以通过事先储备的财务资源，将柔性资源的潜在能力转化成为现实能力，对企业自身的财务战略做出及时有效的调整，帮助企业缓解资源约束，保障企业的可持续发展，提高企业应对内外部危机的能力。因此，柔性资源为企业实现财务战略调整提供了强有力的物质保障，同时为企业提供了一种缓冲能力，避免企业在遇到不利冲击时诱发财务困境。具体而言，企业储备的财务柔性一方面可以缓冲由环境的不确定性带来的内部财务波动风险；另一方面还可以缓解由资本市场摩擦所导致的融资约束困扰（时龙龙，2013）。本书将这种由财务柔性的缓冲能力衍生出来的、对企业价值的影响效应称为财务柔性的缓冲效应。

从国际经济环境的角度出发，世界经济仍然呈现出高速发展的态势。但是，欧洲国家的主权债务危机、难民危机以及地区间爆发的武装冲突等都阻碍了世界经济的高速发展。而这些危机带来的影响又会通过商品以及资本的流通波及我国的国内市场，进而对我国企业的生存和发展产生重大影响。再把视角转回国内，我国的社会主义市场经济制度正处于不断探索和完善的过程中，政府职能转变、市场转型以及环境保护等一系列问题交织在一起，使得我国企业在战略制定以及经营决策的过程中不得不多方面权衡这些问题带来的影响，导致我国企业的现金流表现出一定的波动性风险，进而威胁企业正常的投资支出。预先储备的财务柔性则可以帮助企业有效地抵御这些潜在的风险，降低企业发生现金流断裂等内部财务风险的可能性，保证企业具备充足的资金维持投资项目的正常运转，避免企业出现不必要的价值损失。同时，财务柔性还可以有效缓解融资约束给企业带来的投资困扰，减轻企业的外部融资压力。由于受到信息不对称、交易成本等因素的影响，企业在生存和发展的过程中普遍受到融资约束的困扰，特别是我国资本市场起步时间较晚，尚处于探索和完善的进程之中，资金借贷双方的信息不对称程度更为严重，企业所需要承担的外部融资成本相对更高（黄志忠和谢军，2013）。这导致企业很有可能迫不得已放弃那些净现值相对更高，同时所需资金也相对更多的投资项目，转而选择一些资金需求较少、净现值相对较低的投资组合，无形之中损害了企业价值的提升。而财务柔性则可以有效地帮助企业缓解因为融资约束带来的投资不足（田旻昊，2015）。财务柔性储备为企业提供了一条内源融资的渠道，降低了企业外部融资的成本，保障了企业资金链的正常运转和供应，可以有效地满足企业投资决策对资金的需求，有助于企业抓住稍纵即逝的投资机会。

（二）财务柔性的代理冲突

财务柔性的储备虽然能够为企业的经营与发展提供强有力的保障和支撑，提升企业抵御风险的能力，提高企业的价值，那么是否企业就应当尽可能多地进行财务柔性的储备，始终将企业的财务柔性维持在一个较高的水平上？任何事物都存在着两面性，有利必然有弊，所谓“物极必反”，高额的财务柔性储备水平在为企业带来竞争优势和生存保证的同时，也会显现出相应的负面效应，给企业的发展和战略规划造成一定程度的困扰。企业获取财务柔性的途径主要有两种：一是通过超额的现金持有来提升财务柔性的储备水平；二是保持较低的负债比率。根据委托代理理论，这两种行为同样都会使企业产生高额的代理成本，进而损害企业价值的提升（Jensen 和 Meclking，1976）。具体而言，一方面，企业保持高额的现金持有水平会诱发管理者的自利行为，管理者很有可能会为了自身的利益而做出一些有悖于企业价值最大化目标的战略决策，从而损害了公司的价值提升；另一方面，较低的财务杠杆水平会减少来自企业外部债权人的硬约束，管理者缺乏强有力的外部监督和干预，会为管理者的自利行为提供更加自由的选择空间，进一步加重了这一行为可能会给企业带来的危害。本书将这种由委托代理问题衍生出来的对企业价值的影响效应称为财务柔性的代理冲突。

现代企业大多采用两权分离的经营模式，即企业的所有权与经营权分离。这种现代企业制度最大的优势就是可以使企业的资本运作与经营管理人员形成优化组合，在保证资本正常运作的同时，将职业经理人的知识水平和管理能力发挥到最大，为企业带来尽可能多的经济效益，为所有者带来利润上的最大化。但是两权分离制度同样也存在弊端。所有权与经营权的分离会导致资本所有者与企业管理者之间存在经营目标上的不一致。这种不一致更会随着二者之间的信息不对称性和契约不完备性等因素而得到局部的放大。公司的管理者很可能会从获取个人利益的角度出发，在企业战略制定和投资决策的选择上出现背离公司价值最大化目标的自利行为，而高额的财务柔性储备又恰恰会为这种自利行为提供更为宽广的选择空间（Jensen，1993）。一方面，大量的现金持有虽然可以为企业的现金柔性水平提供强有力的保障，但同时也会为企业管理者创造出更为广阔的寻租空间，使得企业管理者有条件将企业有限的优势资源投入到那些净现值小于零的投资项目之中，以满足企业管理者的个人私欲。同时，高额的现金柔性水平也会诱发企业管理者出现在职消费、贪污浪费、隧道效应等侵害所有者资产的自利行为的发生。这些隐性的代理问题如果不能得到强有力的监督和控制，就很有可能会损害企业价值的提升。此外，大量的现金柔性储备会导致企业的管理者出现过度乐观的自满情绪，使企业的管理者沉浸在企业经营发展情况良好的表象之中，降低了企业管理者对外部环境变化的感知能力，以致在企业经营战略的选择上缺乏主动性与创造性，往往制定一些次优化的投资决策，这将会严重阻碍企业价值的高效提升。另一方面，企业保持较低的财务杠杆以获取负债柔性，较低的负债水平会降低外部债权人对企业管理者的监督与约束。而隐性代理成本如果不能得到有效的监督和控制，那么它对企业价值造成的危害将会被不断地放大。负债是企业在进行公司治理过程中的一个重要方法和手段，负债的一项重要特征就是需要企业按时还本付息，这项特征实质上是为企业管理者的行为提供了一个强有力的硬约束。如果企业的管理者没有办法按时履行承诺，定期还本付息，那么企业外部的债权人有权利依法保护自身的权益不受侵害，向债务企业提出启动破产或重组程序的要求，甚至可以要求企业更换管理者以保证企业债务能够按时得到执行。债权人的这些合理要求会直接威胁管理者对企业的控制权以及自身的相关利益，迫使企业的管理者做出积极的、主动的改变，寻找更为优化和合理的投资机会，将企业的优势资源投入到那些净现值为正、能够为企业提供更多价值增量的投资项目中来。因此，企业保留过高的剩余举债能力，虽然可以提高企业的负债柔性，但同时也会削弱外部债权人对企业管理者的监督和约束，从而给企业的管理者提供了更多的选择空间和更大的控制权，进一步加重了他们的自利动机，加剧了委托代理问题给企业价值带来的危害。通过对财务柔性本身的缓冲效应与代理冲突的深入分析，本书认为企业应当具备目标财务柔性。但是企业是否会将自身财务柔性的储备向目标方向进行调整？这个问题值得我们进行更加深入的研究和思考，同时这个问题也是运用动态的视角和思维研究财务柔性问题的关键。

Graham 和 Harvey（2001）对美国上市公司的 CFO 进行了一份问卷调查，核心内容是考察上市公司对财务柔性的重视程度。调查的结果表明，大部分上市公司的财务主管在进行资本结构决策时，会将财务柔性的储备水平放在首位进行衡量和考虑。这份调查问卷的结果从一个侧面充分证明了上市公司在规划企业未来发展前景、进行投融资决策以及调整企业自身的资本结构时，会将财务柔性摆在一个非常重要的位置。特别是在 2008 年金融危机之后，全球市场经历了十几年以来最大的经济“严寒”，企业所处的生存和经营环境尤为恶劣，很多企业未能等到经济复苏的“春光”，纷纷破产倒闭。即便一些实力强大的企业没有完全陷入到“朝不保夕”的危机之中，但是它们的发展规划和投资决策也依旧遭受到了不同程度的重创，有些企业为了规避可能出现的风险和危机甚至停滞了企业自身的投融资决策，严重阻碍了企业的正常发展。在这种时代背景下，财务柔性的价值无论是在理论界还是实务界都得到了前所未有的重视。财务柔性被上升到企业的战略层面，大多数企业都在积极主动地寻求财务柔性，努力提升自身企业的财务柔性储备意识和水平，财务柔性变成了企业抵御潜在风险以及把握可能投资机会的一项重要的战略手段。国外对于财务柔性的重视程度以及理解，无论是在理论界还是实务界都要领先于我国。汪应洛（1998）提出应该用战略发展的眼光来看待柔性问题，将柔性视为企业的一种战略资产，但是这一概念并没有得到国内学者以及企业的足够重视，财务柔性的储备依然处于一种被动接受的过程中。如果企业在进行资本结构决策时，是被动地运用财务柔性行为，或者是对财务柔性的重视程度较低，那么很有可能，企业不会快速及时地根据环境的变化情况以及自身发展所处的阶段对财务柔性的储备进行主动的调整，被动接受的思维模式不但会给财务柔性的调整带来巨大的阻碍，同时还会降低财务柔性的利用价值。

财务柔性是企业对大规模的、不确定性的、对企业绩效有重大影响的环境变化的适应能力，它的作用主要体现在两个方面，一是它所具备的预防属性，二是源于它所拥有的利用属性（Byoun，2013）。所谓预防属性，就是指财务柔性能够帮助企业防范潜在的风险，直接体现在企业对财务柔性的储备上，只有具备一定量的财务柔性，企业才能够在变化莫测的市场经营环境中，做到游刃有余，防患于未然；所谓利用属性，就是指财务柔性能够帮助企业抓住稍纵即逝的投资机会，重点体现在企业对财务柔性的调整上，只有将财务柔性调动起来，企业才能够在竞争激烈的投融资环境中做到有的放矢，把握投资机会。如果企业对财务柔性的认知是被动的，缺乏积极主动的调整，仅仅将财务柔性的运用停留在储备阶段，那么财务柔性的作用将会大打折扣，只有将储备与调整相结合，在动态的调整过程中才能发挥财务柔性最大的作用。近年来，国内学术界对于财务柔性问题的理解与研究正在不断深入与细化，企业对于财务柔性的认知也经历了从被动接受到主动运用的转变，财务柔性的价值正在被不断地突显出来。根据动态权衡理论的内涵，企业虽然存在目标财务柔性，但它不是一个恒定不变的指标，会根据企业的战略目标选择以及风险的可控程度而产生变化。同时，当企业的外部环境发生变化时，企业需要根据自身的经营状况和财务状况做出及时的应对，如当企业发现一个有利的投资机会时，企业很有可能选择释放财务柔性来满足投资决策所需要的资金支持。此时企业财务柔性的储备就会发生变化，偏离了其目标财务柔性水平。这就需要企业在之后的经营期间内，重新调整财务柔性的水平，使其保持在一个合理的区间内。基于以上分析，本书认为企业的财务柔性储备存在向目标财务柔性方向进行调整的趋势。据此，提出假设 1 如下：

H1：企业存在目标财务柔性，企业的财务柔性储备会向目标方向进行调整。

二、研究设计

（一）样本选择与数据来源

1. 数据来源

本书选取我国沪深两市 A 股上市公司的数据作为样本进行实证研究，上市公司的所有原始数据，包括需要用到的上市公司基本信息以及相关的财务报告数据等均来源于深圳国泰安信息技术有限公司与香港理工大学合作的中国股票市场研究数据库（CSMAR），简称国泰安数据库；同时，选用上海万德数据库（WIND）对相关数据资料进行补充，依据我国证监会 2012 年修订的《上市公司行业分类指引》作为行业的划分标准。

2. 时间窗口

由于我国上市公司于 2007 年 1 月起开始执行新的会计准则，为了保证样本数据在研究期间具备可比性，所以将时间窗口确定在 2007 年之后。同时兼顾到数据的时效性，选取 2011 ~ 2015 年的上市公司数据作为样本进行实证研究。由于本章的实证模型（4 - 1）需要用到财务柔性的变化量，因此最终的数据采集窗口确定为 2010 ~ 2015 年。

3. 样本筛选

本书对采集的样本进行了如下的筛选，希望尽可能地避免相关因素给研究带来的偏差。

第一，选择 2011 ~ 2015 年在上海和深圳主板上市的所有公司，考虑到金融类企业在资本结构等因素上具有特殊性，根据证监会 2012 年修订的《上市公司行业分类指引》，将金融类企业予以剔除。

第二，考虑到融资渠道不同可能对研究产生的影响，将同时发行 B 股和 H 股的上市公司予以剔除。

第三，为了保证非正常财务绩效的公司不会对研究产生干扰，将 2010 ~ 2015 年当年被执行 ST 或*ST 的上市公司予以剔除。

第四，将相关数据缺失以及存在异常值数据的上市公司予以剔除。

经过上述步骤的样本处理，本书获得具有 5 年连续观测值的我国沪深两市 A 股上市公司 1900 家，共计 9500 个实证样本数据。为了消除极端值可能给实证研究造成的多元回归结果偏误，对极端值进行了上下各 1% 的 Winsorized 处理。

按照筛选标准，应用 Excel 2010 完成样本和数据的剔除与整理工作，运用 Stata12 统计软件对整理后的样本数据进行描述性统计分析、相关性分析、多元回归分析以及稳健性检验。

（二）变量定义

根据之前对财务柔性度量方法的文献综述，财务柔性作为一项综合性的财务指标，应当由现金柔性、负债柔性和权益柔性三部分构成。结合我国特殊的制度背景，我国上市公司进行股权再融资时，会受到证监会一系列条件的严格限制，在是否发行股票或者是在股票发行的时间和数量上都很难有绝对的自主权，因此，我国上市公司很难通过权益支付的方式来储备财务柔性，权益柔性在我国特殊的制度背景下可以忽略不计（曾爱民，2011）。根据以上分析，借鉴曾爱民（2011）的多指标结合法，从现金柔性和负债柔性两个角度，采用行业均值作为衡量财务柔性 FF 的方法。具体而言，将企业的财务柔性视为现金柔性与负债柔性之和。其中现金柔性 = 企业现金比率 - 行业平均现金比率；负债柔性 = Max（行业平均负债比率 - 企业负债比率，0）。具体的财务柔性 FF 度量如下：

财务柔性 =（企业现金持有率 - 行业平均现金持有率）+ *Max*（行业平均负债比率 - 企业负债比率，0）

其中，曾爱民（2011）在计算财务柔性的过程中，将企业的负债柔性定义为企业储备的未使用举债能力，如果企业负债比率高于行业平均负债比率，则表明企业不具备任何剩余举债的能力，此时企业的负债柔性为0，所以在计算公式中使用0和二者之差的最大值。为了增强指标的可加性，公式中的现金比率和负债比率都会经过企业总资产的标准化处理。

变量的具体定义如表4－1所示。

表4－1 变量定义表

变量类型	变量符号	变量定义	变量计算方法
解释变量	*FF*	财务柔性	（企业现金持有率－行业平均现金持有率）＋Max（行业平均负债比率－企业负债比率，0）
	ΔFF	财务柔性增量	当期财务柔性－上期财务柔性

（三）模型设计

Soenen（2003）的研究认为，企业储备财务柔性是因为会面临突发状况的考验，因此财务柔性的变现能力和周转能力是非常重要的衡量指标。而企业的现金持有可以有效地满足这一需求，因此他强调持有大量的现金是提高财务柔性储备的一项重要的方式和手段。Clark（2010）在研究中也认为财务柔性储备的主要来源是企业的超额现金持有，并在其研究中将企业现金流的边际价值作为财务柔性的替代变量。根据以上研究，本书借鉴Opler（1999）的现金均值回归模型，针对研究内容对模型进行了改进，构建财务柔性的均值回归模型（4－1），以初步考察财务柔性是否存在动态调整行为。

$$\Delta FF_{it} = \alpha_0 + \alpha_1 \Delta FF_{it-1} + \sum Year + \sum Industry + \varepsilon \qquad (4-1)$$

如果 α_1 显著为负，表明企业的财务柔性储备存在一个目标，并且会围绕这个目标值进行上下波动，本书的假设1成立。

三、实证结果分析

（一）描述性统计分析

为了对我国财务柔性的储备水平有一个整体的了解，本书按年度对财务柔性进行了描述性统计分析，希望通过数据之间的对比对我国财务柔性的储备情况进行一个全方位的分析。表 4 - 2 报告了我国上市公司财务柔性储备水平的描述性统计分析结果。

表 4 - 2　财务柔性（FF）描述性统计

年份	样本数量	均值	标准差	最小值	最大值	中位数
2010	1900	0.242	0.335	-0.294	1.239	0.135
2011	1900	0.254	0.321	-0.302	1.211	0.167
2012	1900	0.241	0.298	-0.265	1.275	0.163
2013	1900	0.219	0.262	-0.235	1.587	0.157
2014	1900	0.195	0.241	-0.242	1.391	0.147
2015	1900	0.192	0.225	-0.231	1.132	0.146

通过表 4 - 2 的数据分析发现，财务柔性的均值呈现缓慢下降的趋势，2010 ~ 2012 年财务柔性的均值分别为 0.242、0.254 和 0.241，相差不多。而 2014 ~ 2015 年的财务柔性均值分别为 0.195 和 0.192，出现了下降的趋势。这表明，我国上市公司 2010 ~ 2012 年的财务柔性储备水平较高，但是 2014 ~ 2015 年的财务柔性储备水平则相对降低。原因可能在于，2008 年金融危机爆发之后，我国经济并没有第一时间受到危机的冲击，而是通过资本的流通以及国际贸易的周转逐步作用于我国资本市场的。因此，

2010～2012年我国整体经济形势处于下行阶段，企业面临着巨大的生产和经营压力。外部环境波动剧烈，消费者的需求降低，购买力减少，企业的盈利能力受到威胁，投融资环境也受到了明显的约束，此时企业对于财务柔性储备的需求较大，为了更好地应对不利冲击，适应环境的突然变化，企业选择提高自身的财务柔性储备水平。而2014～2015年我国经济呈现出"复苏"的迹象，经济运行稳定，企业的生产经营能够得到有效的保障，因此对财务柔性的需求程度也相对下降，企业调低了自身的财务柔性水平。财务柔性标准差呈现出逐步下降的趋势，表明我国企业财务柔性储备的水平趋于稳定，波动程度降低。2010年财务柔性储备的最小值为－0.294，2015年财务柔性储备的最小值为－0.231，通过对比最小值发现，我国上市公司财务柔性储备的最低水平有了一定程度上的提高，并且最大值与最小值之间的差距逐步缩小，表明我国上市公司逐步认识到财务柔性在保障企业长久稳定发展时发挥出的重要作用，对财务柔性的重视程度也在不断提高。

为研究财务柔性的动态变化，本书选取具有5年连续观测值的上市公司的数据作为样本，按年度对模型（4－1）的财务柔性变化量进行了描述性统计，通过数据的分析对我国上市公司财务柔性储备的动态变化情况有一个较为直观和清晰的了解。表4－3报告了我国上市公司财务柔性储备变化量的描述性统计分析结果。

表4－3 财务柔性增量（ΔFF）描述性统计

年份	样本数量	均值	标准差	最小值	最大值	中位数
2011	1900	－0.023	0.185	－1.157	0.951	－0.021
2012	1900	－0.024	0.118	－0.891	0.683	－0.014
2013	1900	－0.011	0.117	－1.067	1.104	－0.003
2014	1900	－0.020	0.123	－0.864	0.852	－0.011
2015	1900	－0.008	0.127	－0.687	1.002	－0.009
总计	9500	－0.017	0.137	－1.157	1.104	－0.011

通过对表4－3的数据分析发现，财务柔性变化量的标准差较小，表明数据的波动程度较低，我国上市公司财务柔性储备的变化程度相对稳定。财务柔性增量的均值为负，2011年的变化量均值为－0.023，而2015年财务柔性的增量为－0.008。表明我国上市公司的财务柔性储备处于一个稳定调整的过程。我国上市公司前期的财务柔性储备水平较高，而近几年，随着我国市场经济环境逐步趋于稳定，企业生产经营状况逐步好转，发生财务困境和不利冲击的概率降低，企业对财务柔性的需求也相对下降，我国上市公司的财务柔性储备呈现出一种相对稳定的状况。财务柔性变化量的最小值为－1.157，最大值为1.104，二者之间有较大差距，表明我国不同年份、不同行业的上市公司对财务柔性的需求量也存在显著差异，企业会根据自身的战略布局、投融资决策以及发展情况对财务柔性的储备进行调整。

（二）回归结果分析

在验证了财务柔性的存在性假设之后，本书对模型（4－1）进行了多元回归分析来检验财务柔性是否存在向目标水平调整的倾向。表4－4报告了模型（4－1）的多元回归分析结果。

表4－4　模型（4－1）多元回归分析

变量	ΔFF_{it}
ΔFF_{it-1}	－0.048*** （－4.800）
常数项	－0.015*** （－10.760）
年份	控制
行业	控制
样本量	9500
$Adj-R^2$	0.003
F值	23.050***

注：***表示1%水平显著，括号中报告了数据的t值。

从表4－4的数据中可以看出，ΔFF_{it-1}的回归系数为－0.048，在1%的水平下显著为负，表明存在一个目标财务柔性，系统性因素促成我国上市公司的财务柔性储备存在向目标进行动态调整的趋势。实证回归结果证明了假设1的成立。财务柔性动态调整研究的前提和基础是企业存在目标财务柔性。财务柔性的缓冲效应一方面可以帮助企业有效地防范环境不确定性带来的内部财务波动风险，降低企业发生财务困境的可能性，为企业的生产经营决策提供资金上的支持。另一方面还可以帮助企业缓解融资约束的困扰，为企业提供一条内源融资的渠道，降低企业进行外部融资的成本，保障企业资金链的正常运转和供应，满足企业投资决策在资金上的需求，有助于企业抓住稍纵即逝的投资机会，提升企业的价值。但是，通过对财务柔性代理冲突的分析发现，高额的财务柔性储备水平在为企业带来竞争优势和生存保障的同时，也会产生一定的负面效应。高额的现金持有和剩余举债能力是企业进行财务柔性储备的两项重要来源，这两个因素都会使企业产生高额的代理成本。高额的现金持有会诱发企业管理者的自利行为，企业的管理者很有可能出于对自身利益的考虑，将企业的财务柔性储备滥用在一些净现值为负的投资项目上，从而影响了企业价值的提升。同时，较低的财务杠杆水平会减少来自企业外部债权人的硬约束，为企业管理者的自利行为提供了更为自由的选择空间，进一步加重了这一行为给企业带来的危害。因此，企业在财务柔性储备的过程中，应当在储备收益和储备成本之间进行权衡，企业存在目标财务柔性。另外，当企业的经营环境发生变化时，企业会根据自身的经营状况和财务状况对财务柔性的储备进行主动的调整。当企业面临财务风险或发现一个有利的投资机会时，企业会调整自身的财务柔性水平以满足资金上的需求，此时，企业的财务柔性储备就会偏离其目标水平。企业会在之后的经营期间内，主动调整自身的财务柔性储备，使其重新回到目标财务柔性区间范围内。

四、稳健性检验

本章运用财务柔性均值回归模型对企业存在目标财务柔性，企业的财务柔性储备会向目标方向进行调整的研究假设进行了实证检验。为了保证实证研究结论的有效性，下面运用模型替换检验以及财务柔性阈值检验等实证方法对回归结果进行稳健性检验。

（一）目标财务柔性存在性稳健性检验

根据本书的理论分析，目标财务柔性的存在导致企业的财务柔性储备应当与企业价值之间存在非线性的函数关系，因此借鉴 McConnell 和 Servaes（1990）的研究方法，构建财务柔性与企业价值之间的非线性关系模型（4－2），对目标财务柔性存在性进行稳健性检验。

$$Tobins'Q_{it} = \beta_0 + \beta_1 FF_{it-1} + \beta_2 FF_{it-1}^2 + \beta_3 \sum Control_{it} + \sum Year + \sum Industry + \varepsilon \qquad (4-2)$$

上述模型中，如果系数 β_2 显著小于 0，则表明财务柔性与企业价值之间呈倒 U 形关系，即企业存在目标财务柔性。

1. 变量定义

运用 *Tobins' Q* 作为模型（4－2）被解释变量企业价值的替代变量。*Tobins' Q* 由权益价值和债券价值两部分构成，权益价值为其所有流通股价和非流通股价之和，债券价值则通常用其负债的账面价值反映。*Tobins' Q* 反映的是资本市场上投资者对企业长期发展情况的一个综合预期，能够较为贴切地衡量企业的成长性和企业的绩效水平，并且国内外的财务学界在进行实证研究时，也越来越多地采用 *Tobins' Q* 作为衡量企业价值的替代变量。

在企业运营的过程中，能够直接或间接影响企业价值的因素有很多。这些影响因素很有可能会在企业价值模型中对本书的回归结果产生一定程度上的偏误。为了更加准确地分析财务柔性与企业价值之间的关系，本书将从企业运营角度和公司治理角度两个方面引入与企业价值密切相关的指标作为控制变量加入到实证模型（4－2）之中。从企业运营角度，借鉴Morck（1988）、Harvey（2004）和姜付秀（2011）等学者的研究成果，引入公司规模（*Size*）、资产有形性（*Tang*）、企业成长性（*Growth*）以及盈利能力（*Profit*）作为模型的控制变量。从公司治理角度，借鉴Jensen和Meckling（1976）、白重恩（2005）以及吴秋生（2014）等学者的研究方法，选取第一大股东持股比例（*Top*1）、两权分离度（*Dual*）、独立董事比例（*Dir*）以及企业性质（*State*）作为模型的控制变量。同时，为了区分不同年份和不同行业之间企业价值的不同，还引入了年份（*Year*）和行业（*Industry*）两个控制变量。

本书中各个变量的具体定义及计算方法如表4－5所示。

表4－5　变量定义表

变量类型	变量符号	变量定义	变量计算方法
被解释变量	$Tobins'\ Q_{it}$	企业价值	（流通股股数×流通股价格＋非流通股股数×每股净资产＋负债账面价值）/总资产账面价值
解释变量	FF_{it-1}	财务柔性	（企业现金持有率－行业平均现金持有率）＋*Max*（行业平均负债比率－企业负债比率，0）
	FF^2_{it-1}	财务柔性的平方	[（企业现金持有率－行业平均现金持有率）＋*Max*（行业平均负债比率－企业负债比率，0）]^2
控制变量	$Size_{it}$	公司规模	企业年末总资产的自然对数
	$Tang_{it}$	资产有形性	固定资产/年末总资产
	$Growth_{it}$	成长性	（年末资产总额－年初资产总额）/年初资产总额
	$Profit_{it}$	盈利能力	净利润/主营业务收入
	$Top1_{it}$	第一大股东持股比例	第一大股东持股数/总股数

续表

变量类型	变量符号	变量定义	变量计算方法
控制变量	$Top1_{it}^2$	第一大股东持股比例的平方	第一大股东持股比例的平方
	$Dual_{it}$	两权分离度	控制权比例与所有权比例之差
	Dir_{it}	独立董事比例	独立董事人数/董事会人数
	Soe_{it}	企业性质	根据实际控制人性质将公司分为国有与非国有，国有企业为1，非国有企业为0
	$\sum Year$	年份虚拟变量	若样本属于某一年，则取1，否则取0
	$\sum Industry$	行业虚拟变量	若样本属于某一行业，则取1，否则取0

2. 样本选取

选取沪深两市A股上市公司2011～2015年的经验数据作为样本进行了实证检验。由于模型采用的财务柔性度量方法需要上一期数据，因此最终的数据采集期间为2010～2015年。

通过样本处理，共得到2011～2015年15个行业的10776个数据样本，其中2011年采集到1890个样本数据，2012年采集到2150个样本数据，2013年采集到2241个样本数据，2014年采集到2216个样本数据，2015年采集到2279个样本数据。

3. 相关性分析

相关性分析能够初步考察模型各变量之间的相关关系，因此在进行多元回归分析之前，对模型变量进行了Pearson相关性检验，以初步判定变量之间的相互影响。表4－6报告了模型中各主要变量之间的Pearson相关系数。

根据表4－6报告的样本数据统计结果，企业价值（*Tobins' Q*）与财务柔性（*FF*）在1%的显著性水平上呈现出正相关关系，相关系数为0.169，初步证明了财务柔性在提升企业价值方面发挥了重大的作用，财务柔性的预防和利用属性可以有效地保证企业的健康平稳运行，满足企业战略发展的需求。在控制变量方面，公司规模（*Size*）、固定资产比重（*Tang*）、企业成长性（*Growth*）、第一大股东持股比例（*Top*）、两权分离

表 4-6　模型(4-2)样本相关性分析

	Tobins' Q	*FF*	*Size*	*Tang*	*Profit*	*Growth*	*Top*	*Dual*	*Dir*	*State*
Tobins' Q	1.000									
FF	0.169***	1.000								
Size	-0.362***	-0.403***	1.000							
Tang	-0.122***	-0.271***	0.114***	1.000						
Profit	-0.014	0.091***	0.022	-0.044***	1.000					
Growth	0.032***	0.001	0.024	-0.124***	0.037***	1.000				
Top	-0.105***	-0.016	0.281***	0.055***	0.027***	-0.049***	1.000			
Dual	-0.043***	-0.095***	0.055***	0.035***	0.007	-0.012	0.141***	1.000		
Dir	0.063***	0.031***	0.018	-0.051***	0.002	-0.005	0.051***	-0.080***	1.000	
State	-0.175***	-0.309***	0.379***	0.192***	-0.018	-0.081***	0.197***	-0.110***	-0.058***	1.000

注：*** 表示 1% 水平显著。

度（*Size*）、独立董事比例（*Dir*）以及企业性质（*Size*）都表现出了与企业价值（*Tobins' Q*）之间的显著相关性，相关系数均在1%水平上显著，初步证明了控制变量选取理性，相关控制变量与企业价值之间存在着较为明显的影响。同时，各主要变量之间相关系数的绝对值较小，最大值为财务柔性（*FF*）与公司规模（*Size*）之间的相关系数绝对值0.403，并没有超过0.500，初步判定各变量之间的相关性较弱，模型不存在严重的多重共线性问题。相关性分析只能为变量之间的关系提供较为初步的推测，想要进一步深入地分析解释变量对被解释变量的影响，则需要进行更深层次的多元回归检验。

4. 多元回归分析

在上述分析的基础上，本书对模型进行了多元回归分析以验证本文理论分析的有效性。表4－7报告了模型（4－2）的多元回归分析结果。

表4－7　模型（4－2）多元回归分析

变量	(1)	(2)	(3)
FF		0.161** (2.24)	0.639*** (4.290)
FF^2			−0.652*** (−3.660)
Size	−0.674*** (−45.120)	−0.661*** (−41.200)	−0.658*** (−40.930)
Tang	−0.706*** (−6.670)	−0.657*** (−6.080)	−0.659*** (−6.100)
Growth	0.712*** (11.570)	0.728*** (11.750)	0.713*** (11.480)
Profit	1.264*** (9.470)	1.154*** (8.100)	1.156*** (8.120)
Top	−0.018*** (−3.610)	−0.019*** (−3.730)	−0.019*** (−3.690)
Top^2	0.002*** (4.060)	0.002*** (4.120)	0.002*** (4.070)
Dual	−0.005** (−2.550)	−0.005** (−2.270)	−0.005** (−2.290)
Dir	2.695*** (8.540)	2.693*** (8.530)	2.691*** (8.530)
Soe	−0.201*** (−5.180)	−0.186*** (−4.720)	−0.185*** (−4.720)
常数项	16.754*** (47.660)	16.433*** (43.290)	16.332*** (42.940)
年份	控制	控制	控制
行业	控制	控制	控制

续表

变量	(1)	(2)	(3)
样本量	10776	10776	10776
$Adj-R^2$	0.237	0.241	0.246
F 值	377.450 ***	340.340 ***	310.990 ***

注：***、** 分别表示 1%、5% 水平显著，括号中报告了数据的 t 值。

表4－7的（1）列只考虑了模型的控制变量并且对年度和行业效应进行了控制的回归结果，反映模型整体回归效果的 $Adj-R^2$ 为0.237，F 值为377.450，并且在1%的水平上显著。证明模型的拟合程度较高，模型选取的控制变量能够有效地对被解释变量企业价值（*Tobins' Q*）的变动做出反应。从控制变量的角度上分析，企业规模（*Size*）与企业价值之间的回归系数是－0.674，呈现出显著的负相关关系，并且在1%的水平上显著。一般而言，公司的规模越大，企业管理者手中的权力也就越大，其决策行为越难受到有效的监督和管理，导致企业管理者拥有更多的空间和机会来寻求个人利益，进而损害了企业价值的提升。另外，公司的规模越大，相关的生产职能部门就会越多，信息和决策传递的及时性和有效性会受到一定程度的影响，各部门之间也可能会出现相互推诿的情况，导致责任分工不明确，降低了企业的价值。我国上市公司在追求规模经济的过程中，可能存在着盲目扩张的情况，不仅不会提高企业的价值，反而阻碍了企业的长期发展。固定资产比例（*Tang*）与企业价值之间具有显著的负相关关系，在1%的水平上显著。固定资产作为一项企业的长期投资，虽然可以为企业带来显著的规模效益，但是盲目追求固定资产投资会降低企业的资金流动性，增加企业的经营成本，在出现有利的投资机会时，企业可能会因为资金缺口无法得到有效弥补而放弃这项决策，导致企业价值受到损失。企业成长性（*Growth*）与企业盈利能力（*Profit*）的系数分别为0.712和1.264，在1%的水平上显著。证明企业的盈利能力和成长性能够显著提升企业的价值，促进了企业的长期稳定发展。第一大股东持股比例

（*Top*）的回归系数是 -0.018，但是平方项的回归系数却与企业价值之间呈现显著的正相关关系，在1%的水平上显著。表明企业第一大股东持股比例与企业价值之间可能存在着非线性的U形关系。当第一大股东的持股比例较低时，股权分散程度较高，股东之间相互制约监督，很难有一个股东完全控制企业的发展方向和发展战略，企业价值在股权制衡的过程中平稳向前发展。伴随着第一大股东股权的不断增大，其对企业发展决策的控制力度和参与程度都不断增强，大股东很有可能因为个人私欲而侵蚀小股东的利益，掠夺公司的财富，导致企业价值的下降。但是当第一大股东对企业拥有了绝对的控制权时，这一情况又出现了反转，此时第一大股东的利益在很大程度上取决于企业的经营发展状况，大股东出于自身利益的考虑有必要主动关注企业的发展情况，对企业管理者的决策实施有效的监督和管理，提高了企业的价值。独立董事比例（*Dir*）与企业价值之间呈现显著的正相关关系，在1%的水平上显著。表示独立董事制度能够有效地监督和管理企业的发展决策，维护公司的整体利益，保护企业中小股东的合法权益不会受到侵害，进而提升了企业的价值。企业性质（*Soe*）与企业价值存在显著的负相关关系，在1%的水平上显著。国有企业由于受到的融资约束程度低，同时又可以获得政府政策上的支持，银行的信贷政策也相对倾向于大型国有企业。因此，与非国有企业相比，国有企业的经营环境更优越，竞争程度和财务风险水平都会相对较低。导致国有企业的管理者在心态上过于乐观，放松了对企业的管理和对能力的学习，决策的积极程度和谨慎程度都要弱于非国有企业的管理者，进而造成了企业价值的下降。同时，国有企业需要承担更多的社会责任，如在环境保护、抗震救灾以及慈善募捐等方面，都要起到模范带头作用，从企业自身的利益角度上讲，这会降低企业的价值。

表4-7的（2）列是在（1）列的基础上引入了财务柔性变量，模型的 $Adj-R^2$ 由0.237提高到了0.241，F 值为340.340，在1%的水平上显著，模型的拟合程度得到了进一步的提升。财务柔性（*FF*）的回归系数是0.161，在5%的水平上显著，表明财务柔性与企业价值之间存在着正

相关关系。企业预先储备财务柔性能够起到提升企业价值的作用，财务柔性的缓冲效应得到了数据上的支持。企业可以通过预先储备的财务柔性，对企业自身的财务战略做出及时的调整，满足企业在资金上的需求，同时可以帮助企业有效缓解融资约束的困扰，抵御潜在的风险困境，为企业的战略发展提供有效的资源保障，使企业具备及时应对内外部环境变化的缓冲能力，促进企业价值的最大化。因此，我国上市公司应当加强对财务柔性的重视程度，提高财务柔性的储备意识，为企业未来的战略发展做好充足的准备。

（3）列是在（2）列的基础上加入了财务柔性的平方项，以检验财务柔性与企业价值之间是否存在着非线性的倒U形关系，企业是否具有目标财务柔性。模型的 $Adj-R^2$ 由 0.241 提高到了 0.246，F 值为 310.990，在 1%的水平上显著，模型的拟合程度提高，证明了变量选取的有效性。财务柔性（FF）的系数为 0.639，显著性水平由之前的 5%提高到了 1%，变量的解释能力显著增强。财务柔性平方项的系数为 -0.652，在 1%的水平上显著，证明财务柔性的平方项与企业价值之间存在着显著的负相关关系，财务柔性与企业价值之间存在着非线性的倒U形函数关系，本书的理论分析得到了数据上的支持。企业预先储备的财务柔性虽然可以为企业带来显著的价值提升，但是一旦企业财务柔性储备的水平过高，超过了一个数量节点，财务柔性的代理问题就开始显现出来。而大量的代理成本会侵蚀之前的价值收益，降低企业的价值增值，企业存在目标财务柔性。

（二）财务柔性阈值检验

通过对模型的多元回归分析证实了本书的研究假设，为了保证实证结果的有效性，本书利用修正后的财务柔性阈值对模型进行了稳健性检验。

基准的确定一直是财务柔性度量的一个难点问题，现有文献在财务柔性基准的选择问题上并没有形成统一的结论。行业均值法虽然具有一定的理论说服力和借鉴意义，但是并不是财务柔性基准选择的唯一标准，缺乏权威性。为了降低这一问题给实证结果带来的偏差，借鉴 Marchica 和 Mura

(2010)去除随机误差的方法，将行业现金持有水平的均值调高10%，将行业财务杠杆水平的均值调低10%，通过修正过的财务柔性基准值，重新计算企业财务柔性的储备水平，并以此作为解释变量进行稳健性检验。表4－8报告了稳健性检验的回归结果。

表4－8　财务柔性阈值检验

变量	ΔFF_{it}
ΔFF_{it-1}	－0.045***　(－3.360)
常数项	－0.017***　(－10.140)
年份	控制
行业	控制
样本量	9500
$Adj-R^2$	0.007
F 值	11.270***

注：***表示在1%水平上显著，括号中报告了数据的 t 值。

由表4－8的数据可以看出，ΔFF_{it-1}的回归系数为－0.045，在1%的水平上显著为负，表明存在一个目标财务柔性，系统性因素促成我国上市公司的财务柔性储备存在向目标水平进行动态调整的趋势，再次证明了假设1的成立。

五、本章小结

本章以我国沪深两市A股上市公司的数据作为研究样本，将实证的研究窗口设置在2011～2015年之间，借鉴Opler（1999）的现金均值回归模型，针对研究内容对模型进行了修改，建立财务柔性均值回归模型，对财务柔性动态调整进行了实证检验。

实证研究结果表明，企业存在目标财务柔性，企业的财务柔性储备会向目标方向进行调整。当企业储备适度的财务柔性时，财务柔性具备缓冲效应，可以帮助企业应对环境不确定性，帮助企业寻找到有利的投资机会，降低了企业外部融资的成本，保障了企业资金链的正常运转和供应。此时，财务柔性对企业价值有着巨大的提升作用。而当企业的财务柔性储备出现过量行为时，由于财务柔性的主要来源是企业的现金持有和剩余举债能力，这两个因素都会诱发企业管理者的自利行为，导致企业在经营发展的过程中形成高额的代理成本，阻碍了企业的发展。企业会在财务柔性的储备收益同储备成本之间进行权衡，企业存在目标财务柔性。与此同时，企业的财务柔性水平并不是恒定不变的，它会根据企业的战略目标选择以及风险的可控程度而产生变化。当企业的经营环境发生变化时，企业会通过财务柔性来调整其自身的经营状况和财务状况，此时企业财务柔性的储备就会发生变化，偏离了其目标财务柔性水平。随着企业对财务柔性重视程度的提高，企业的管理者会主动寻求财务柔性储备的价值和作用。因此，企业会在之后的经营期间内，重新调整财务柔性的水平，使其保持在一个合理的区间内。

本章对研究结论进行了稳健性检验。通过构建财务柔性与企业价值之间的非线性关系模型，对目标财务柔性存在性假设进行了稳健性检验，实证回归结果中财务柔性的平方项系数显著为负，说明财务柔性与企业价值之间呈现出非线性倒 U 形关系，进一步证明了目标财务柔性的存在性。由于财务柔性的度量方法在理论界并没有形成统一的标准，因此对企业的财务柔性进行了重新的度量，通过财务柔性阈值检验，对财务柔性均值模型进行了稳健性检验。稳健性检验的回归结果再一次支持了本书的假设。

第五章　环境不确定性与财务柔性动态调整的实证研究

本章重点检验环境不确定性对财务柔性动态调整的影响。首先，通过对相关理论的分析提出环境不确定性与财务柔性动态调整之间的假设关系；其次，通过模型的构建以及回归方法的选择实证检验本章的假设是否成立；最后，通过一系列的稳健性检验来保证实证结果的准确性和可靠性。

一、理论分析与研究假设

21 世纪信息化浪潮和科学技术的不断进步不仅为人们的生活方式带来了前所未有的便利，同时也为企业的生产经营模式带来了巨大的变革。互联网技术的高速发展，加强了国家和地区之间的交流与融合，为资本的跨区域流动提供了更为便利的条件，国家之间的地缘贸易壁垒正在逐渐被打破，取而代之的是全球经济一体化体系的建立。在这样的时代背景下，资本的流动性、商品的多样性以及消费者需求的差异性在推动经济全球化进程不断加快的同时，也加剧了经济环境的波动，环境不确定性成为了现代企业在进行资本投入选择和战略结构调整时需要重点考虑的一项外部特征因素。从宏观层面来看，政治因素、经济因素以及法律因素构成了宏观的环境不确定性。地缘性政治冲突不再具有局部区域性，还会造成全球资本市场的波动；金融危机早已不再是地区性经济问题，其扩散和辐射的范围通过资本的流动波及全世界任何一个角落。现代企业的经营和发展不仅受到本国内部宏观货币政策、财政政策的调控，同时还需要关注国际形势的风云变幻，这无疑为企业长期战略目标的制定带来了巨大的挑战。从行业层面来看，信息技术的发展以及互联网业务的普及都在潜移默化地影响企业的生产经营模式。产业技术的升级从根本上变革了企业原有的生产方式和产业链条，传统行业受到了一大波新兴产业的剧烈冲击，企业之间的市场竞争愈演愈烈。一些传统行业由于无法妥善解决产能落后以及环境污染等问题的困扰，逐步沦为夕阳产业，无法为社会创造更多的价值增值。一些老牌企业由于技术更新落后、思维观念陈旧，导致其无法适应时代的新要求和新形势，最终不得不退出历史舞台。另外，互联网技术的高速发展同样给企业传统的营销模式带来巨大冲击。借助互联网平台，很多制造商绕开批发商和零售商等传统的供应链环节，将生产的产品和服务直接定位于消费者的需求，将顾客的主动性参与和选择整合到营销框架中来，不仅提高了产品和服务的时效性，而且降低了产品的成本。从企业微观的角度来看，企业的生产经营需要面对更为复杂的市场构成和规模更加庞大的消费群体，这些因素在给企业提供了无限商机的同时，也为企业的发展带来了巨大的挑战。如果企业不能够根据市场需求的变化及时做出战略布局的调整，找准自身的市场定位，企业很有可能会偏离预期的决策目标，陷入到经营危机之中，甚至有可能被市场淘汰出局。伴随着生产技术的不断升级，产品的更新换代速度日渐加快，缩短了产品的生命周期，这些因素加剧了企业面临的经营风险。企业在生产经营的过程中，要时刻关注行业最新的前沿科技，提升产品的科技创新力。如果企业不能紧跟时代的步伐，掌握核心技术的最新动态，很有可能会因为技术的落后而退出历史舞台。从我国国内情况来看，改革开放打开了我国资本市场通向世界的大门，“走出去”和“引进来”的战略让我国企业与世界经济的联系更为紧密，很多有实力的中国企业为了开拓国际市场，开展海外贸易，选择在国外的交易市场融资上市，我国内地企业出现一股海外融资上市的浪潮。同时，大量外资和跨国企业也涌入到我国的资本市场，同我国本土的企业展开了激烈的市场竞争，我国已经逐渐成为全球经济体系中一个重要的贸易中心和资本的集散地，我国企业面临来自国际竞争的巨大压力。股权分置改革的完成开启了我国资本市场战略转型的发展新阶段，这一时期产业结构的调整、科技创新能力的提高、市场经济运行秩序的稳定、区域经济的协调发展、金融体制改革的深化以及社会保障体系的配套完善等一系列问题，导致我国企业面临着更为错综复杂的生产经营环境，环境不确定性的程度不断加剧，对企业的战略选择和财务决策产生着重要的影响。不确定性已经成为企业所处经营环境的一个基本特征，企业应当加强对环境不确定性的重视程度，保证企业未来的可持续发展。

根据财务权变理论，企业在生产经营的过程中不可避免地会受到社会环境的影响，企业不应当被动地承受环境的变化，而是主动出击，随机应变，针对外部环境因素的变化及时调整自身的财务和战略决策，保证企业无论是在经济运行的上行期还是下行期都保持平稳健康的增长。这就要求企业改变过去传统的“刚性”思维，提高决策的灵活性，而财务柔性正是企业在财务决策过程中保持灵活性的一个重要体现（姜英兵，2004）。环境不确定性是财务柔性存在的前提和基础，企业事先储备的财务柔性可以帮助其缓冲环境不确定性带来的偶然性风险，将柔性资源的潜在能力转化为现实能力，为企业应对环境的变化提供物质资金上的保障（葛家澍和占美松，2008）。同时，财务柔性的作用只有在不确定的环境中才能得到充分的体现。如果环境的变化是可以被企业的管理者准确预期的，那么企业就能够对未来可能面临的风险有着清晰的认识，依托传统的资本结构理论来重新安排企业的战略布局，没有必要将有限的资源应用在预防和储备上。正是因为存在环境不确定性，企业面临的风险具有突发性和偶然性，企业的管理者没有办法对环境的变化做出准确的判断，所以财务柔性的作用才被突显出来。财务柔性的预防属性和利用属性能够帮助企业有效地应对突然发生的风险以及抓住偶然的有利投资机会，使企业在环境的剧烈波动中依然保留有摆脱困境和提升价值的能力。环境不确定程度越高，企业储备财务柔性获得的价值也就越大。从动态的角度看待环境不确定性与财务柔性动态调整之间的关系，当环境出现剧烈波动时，一方面，企业之前的财务柔性储备可能无法有效满足自身的战略决策需要，此时需要及时调整企业的财务柔性储备水平；另一方面，由于货币政策、财政政策、行业竞争程度甚至是投资环境出现较大改变，会导致企业前期的财务柔性储备出现偏离最优财务柔性水平的情况，此时也需要企业对财务柔性做出快速及时的调整，以适应外部经营环境的变化，保证财务柔性能够发挥出其最大的作用。基于以上分析，本书提出假设2如下：

H2：环境不确定性会提高企业的财务柔性动态调整速度。

H2a：宏观环境不确定性会提高企业的财务柔性动态调整速度。

H2b：行业环境不确定性会提高企业的财务柔性动态调整速度。

H2c：企业环境不确定性会提高企业的财务柔性动态调整速度。

二、目标财务柔性指数构建

企业在生产经营的过程中是要围绕其目标财务柔性水平进行财务柔性储备的动态调整，因此本书研究的一个重要前提就是要确定企业的目标财务柔性水平。由于企业的目标财务柔性水平没有办法被直接和有效地观测，所以采用合理的度量方法来量化这一指标成为了本书研究的一个关键问题。

（一）目标财务柔性度量方法

根据现有文献的研究成果，运用财务柔性行业均值水平或企业自身财务柔性储备的移动平均作为目标财务柔性的代理变量，虽然在理论上具有一定的解释能力和可操作性，并且其度量方法也相对简易，但是这两种方法也同样存在着一定的计量偏误。运用行业均值法虽然从整个行业的角度定义了财务柔性的储备水平，具有一定的代表性，但是这种方法忽略了企业的个体特征。财务柔性的储备由于会受到企业财务状况以及战略决策选择的显著影响，即使是同一个行业，不同企业对于财务柔性的需求水平也存在着显著的差异。这就导致以行业均值作为个体企业财务柔性的目标设定时，缺乏对企业实际情况的综合考虑，无法真实地反映出企业对财务柔性的实际需求。而运用企业财务柔性的移动平均法虽然是从其自身角度出发，反映了企业对财务柔性的需求变化，但却没有办法充分利用时间序列数据所包含的动态信息，降低了目标值的解释能力。依据动态权衡理论的内涵，企业的目标财务柔性水平，从本质上说是财务柔性带来的价值收益同其储备成本之间进行权衡之后的结果。这种权衡会随着企业经济运行情况的改变以及投融资决策的选择而产生变化，导致企业的最优财务柔性水平并不是一个固定的目标值，它应当是一个反映时间变化的函数。所以在选择最优财务柔性的度量方法时，既要反映出动态权衡理论的基本思想，同时又要兼顾企业特征因素在时间上的改变。

基于以上分析，本书借鉴 Fama 和 French（2002）以及 Gamba 和 Triantis（2008）的研究成果，采用拟合值法，通过影响财务柔性的一系列公司特征变量来回归估计企业的目标财务柔性水平。具体的度量方法如下：

$$FF_{it} = \alpha + \beta \sum X_{it-1} + \sum Year + \sum Industry + \varepsilon \tag{5-1}$$

$$TarFF_{it} = \alpha + \beta \sum X_{it-1} \sum Year + \sum Industry \tag{5-2}$$

模型（5－1）中 FF_{it}表示企业 i 在 t 时期的财务柔性储备水平；X_{it-1}表示影响企业财务柔性储备的一系列特征因素，包括资产构成、企业规模、企业成长性以及企业营利性。模型（5－2）中 $TarFF_{it}$表示企业 i 在 t 时期的最优财务柔性，是利用模型（5－1）的特征因素进行拟合回归的结果。

1. 资产构成

有形资产作为企业资产构成的一项重要组成部分，是企业经济实力的重要体现，同时也可以为企业的经济效益提供有效的资源保障。企业的有形资产越多，表明企业可供抵押的资产也就越多，当企业的资金需求出现缺口时，有形资产能够为企业的外部债务融资提供强有力的担保。固定资产作为一种实物形态的企业资产，使得外部债权人可以对其价值进行有效的市场评估，帮助债权人对企业的经营状况和偿债能力做出更为准确的判断，降低了贷款人回收资金的风险，保护了债权人的利益。相反，无形资产由于受到信息不对称等因素的干扰，外部投资者很难对其价值进行有效的评估，其实际价值可能会与估计值之间形成较为严重的偏差，导致贷款人的资金无法得到有效的安全保证。因此，债权人在进行资金借贷时，从自身的实际利益出发，往往会倾向于选择那些有形资产比例较高的企业，使得有形资产比重较高的企业拥有更强的债务融资能力，企业的外部融资成本也会相对降低（Scott，1977；Leeth 和 Scott，1989）。另外，有形资产的物质性决定了其较强的可变现能力。当企业遇到外部环境的不利冲击，陷入到财务困境中时，可以通过变卖处理一定的有形资产，使企业能够及时筹措到所需的资金，有效降低企业出现资金流断裂的可能性，帮助企业顺利渡过难关，是企业内源融资的一种重要补充方式。根据以上分析，本书认为资产有形性与财务柔性负相关，预期的回归系数符号为负。借鉴 Rajan和 Zingales（1995）的研究方法，采用固定资产占总资产的比重来作为资产有形性的代理变量。

2. 企业规模

企业规模是衡量企业综合实力的一项重要指标，在很大程度上反映出了企业经营能力和盈利水平的高低。大规模的企业由于具有较强的品牌竞争力和经济实力，在企业战略布局和投融资决策选择上具有更高的灵活性和更多的路线选择，可以帮助企业有效地分散经营风险，获得稳定的现金流收益，提高了企业的抗风险能力，使企业的生产经营过程不易受到财务困境的影响（Titman 和 Wessels，1988）。融资约束理论认为，大规模的企业无论是在市场竞争力、整体的经济实力以及财务管理能力等多方面都要显著优于小规模的企业，企业的战略发展眼光也更为长远，可以有效保证企业的长期平稳运营，使企业价值不断得到提升。因此，大规模企业更容易获得银行等信贷机构的青睐，受到的融资约束程度也相对较小。特别是在我国，很多大型的上市公司都具有国家和政府的背景，由于存在预算软约束，政府出于对民生、税收以及地方经济发展等多方面的考虑，会加大对这些国有大中型企业的扶植力度，将更多的政策性资源倾斜于这些企业，也更容易获得银行的信贷支持（田利辉，2005）。同时，大规模企业由于采取多元化经营的模式，当其出现资金流断裂的风险时，可以通过出售部分非核心资产的方式来获取现金流量。虽然会牺牲企业的相关经济利益，但是能够帮助企业有效抵御风险，避免企业陷入财务困境。由此可见，小规模的企业在面临不利冲击时，很难组织有效的资源防范风险，更容易陷入到破产倒闭的生存危机之中。与大规模的企业相比较，小企业对外举债的能力较弱，容易受到很多限制性因素的制约，外部的融资成本也相对较高。根据以上分析，本书认为企业规模与财务柔性负相关，预期的回归系数符号为负。借鉴 Wald（1999）的研究方法，采用总资产的自然对数作为企业规模的代理变量。

3. 企业成长性

企业成长性是衡量企业未来发展前景的一项重要指标。高成长性意味着企业拥有更广阔的发展空间，寻求更多的投资机会。如果资金的需求无法得到及时的满足，企业将不得不放弃那些可以为企业价值带来显著提升的有利投资项目，导致企业的发展计划受到一定程度上的阻碍，错失了能够使企业获得高速发展的机会。而当企业将更多的资本投入到投资决策的过程中时，企业很有可能会出现资金周转问题，导致资金链发生断裂，危及企业的正常生产经营，甚至造成企业破产倒闭的严重后果。因此为了保证企业投资的顺利进行，企业应当储备更多的资源来应对可能出现的偶然因素。根据市场择时理论，由于企业对未来的投资机会拥有良好预期，高成长性企业更倾向于发行权益进行融资，会选择保持较高的剩余负债能力（Booth，2001），并且企业会尽量避免或减少现金股利的支付，以提高其留存收益的水平，将保留盈余用于未来投资。当预期的投资机会出现时，企业可以将事先积累的财务资源释放出来，满足当前投资的需求，促进公司的成长。因此成长性高的企业会对财务柔性有更强烈的需求。根据以上分析，本书认为企业的成长性与财务柔性正相关，预期的回归系数符号为正。借鉴 Harvey 等（2004）的研究方法，采用企业总资产增长率作为成长性的替代变量。

4. 盈利能力

盈利能力是衡量企业经营效益的一项重要指标。营利性是企业生存和发展的重要前提，也是企业开展一系列经营活动的关键。对于盈利能力较强的企业来说，稳定的经营收益可以保证企业的留存收益维持在一个相对较高的水平（陆正飞和辛宇，1998）。根据优序融资理论，内部融资是企业融资决策的最佳选择，其次是债务融资，再次是发行新股。而留存收益恰恰是企业内部融资的一项重要资金来源，因此具有高盈利能力的企业具有更强的内源融资能力，不仅能够保持较高的现金持有量，还会降低企业的负债水平，而这两个因素又正好是企业财务柔性的主要来源。根据以上分析，本书认为企业盈利能力与财务柔性正相关，预期的系数回归符号为正。借鉴姜付秀（2011）的研究方法，采用主营业务净利润率作为企业营利性的替代变量。

具体的变量定义如表 5 - 1 所示。

表 5 - 1　目标财务柔性拟合模型变量定义表

变量名称	变量定义	变量计算方法	预期符号
Tang	资产有形性	固定资产/年末总资产	-
Size	企业规模	企业年末总资产的自然对数	-
Growth	企业成长性	（年末资产总额 - 年初资产总额）/年初资产总额	+
Profit	营利性	净利润/主营业务收入	+

（二）样本选择

1. 数据来源

选取我国沪深两市 A 股上市公司的数据作为样本进行实证研究，上市公司的所有原始数据，包括需要用到的上市公司基本信息以及相关的财务报告数据等均来源于深圳国泰安信息技术有限公司与香港理工大学合作的中国股票市场研究数据库（CSMAR），简称国泰安数据库；同时，选用上海万德数据库（WIND）对相关数据资料进行补充，依据我国证监会2012年修订的《上市公司行业分类指引》作为行业的划分标准。

2. 时间窗口

由于我国上市公司2007年1月起开始执行新的会计准则，为了保证样本数据在研究期间具备可比性，所以将时间窗口确定在2007年之后。同时兼顾到数据的时效性，选取2011～2015年的上市公司数据作为样本进行实证研究。

3. 样本筛选

对采集的样本进行了如下的筛选，希望尽可能地避免相关因素给本书研究带来的偏差。

第一，选择2011～2015年在上海和深圳主板上市的所有公司，考虑到金融类企业在资本结构等因素上具有特殊性，根据证监会2012年修订的《上市公司行业分类指引》，将金融类企业予以剔除。

第二，考虑到融资渠道不同可能对研究产生影响，将同时发行B股和H股的上市公司予以剔除。

第三，为了保证非正常财务绩效的公司不会对研究产生干扰，将2010～2015年当年被执行ST或*ST的上市公司予以剔除。

第四，将相关数据缺失以及存在异常值数据的上市公司予以剔除。

经过上述步骤的样本处理，共得到2011～2015年15个行业的12042个数据样本，其中2011年采集到2169个样本数据、2012年采集到2314个样本数据、2013年采集到2377个样本数据、2014年采集到2492个样本数据、2015年采集到2690个样本数据。同时，为了消除极端值可能给实证研究造成的多元回归结果偏误，对极端值进行了上下各1%的Winsorized处理。

按照筛选标准，应用Excel 2010完成样本和数据的剔除与整理工作，运用Stata12统计软件对整理后的样本数据进行描述性统计分析、相关性分析、多元回归分析。

（三）实证检验

1. 描述性统计分析

首先对模型（5-1）中的各主要变量进行了描述性统计分析，希望通过分析变量的数据特征，对财务柔性相关影响因素有一个直观的认识和整体的把握，为之后的回归分析奠定基础。表5-2报告了模型中各主要变量的描述性统计分析结果。

表5-2 模型（5-1）样本描述性统计

变量名称	样本数量	均值	标准差	最小值	最大值	中位数
FF	12042	0.229	0.291	-0.302	1.587	0.155
Size	12042	22.011	1.304	17.388	28.508	21.829
Tang	12042	0.227	0.168	0.002	0.936	0.194
Growth	12042	0.190	0.724	-0.927	41.462	0.098
Propfit	12042	0.075	0.550	-36.402	20.906	0.065

通过表5-2的数据分析发现，财务柔性（*FF*）的标准差为0.291，数据表现出一定程度的不稳定性。中位数为0.155，说明无论是被动的接受还是主动的寻求，我国大部分上市公司都进行了财务柔性的储备。最小值为-0.302、最大值为1.587，表明我国上市公司财务柔性储备具有明显的差异，水平差距显著。说明我国上市公司对财务柔性的重视程度不尽相同，有些企业已经逐渐注意到财务柔性在提升企业价值方面发挥的重要作用，而有些企业的财务柔性储备意识依然薄弱。均值为0.229，表明我国上市公司财务柔性的储备意识存在一定程度的加强，一些企业提升了自己的财务柔性储备水平，提高了样本数据的财务柔性储备水平，但是从整体

上看，我国上市公司对财务柔性的重视程度还有待进一步加强。资产有形性（*Tang*）标准差为0.168，说明数据存在一定程度的波动。中位数为0.194、平均数为0.227，说明从总体上看，我国上市公司固定资产的比重约占企业资产总额的20%。但是最大值和最小值之间存在着巨大差距，两端极值差异化显著。最小值接近0，表明有些企业几乎不具有任何固定资产，而最大值为0.936，表明有些企业固定资产的投入比重过大。企业成长性（*Growth*）的标准差为0.724，表明数据的波动性较大。中位数为0.098，说明我国企业大部分还处于稳定增长的态势之中，只是可能受到近年来经济发展下行趋势的影响，成长速度相对较慢。最大值为41.462、最小值为-0.927，表明我国经济的发展正处于一个复杂多变的态势之中，有些企业出现了负增长的情况，很有可能将会面临经营风险和成长困境甚至破产倒闭的情况。而有些高成长性企业，则成为了促进资本市场繁荣的有生力量，在激烈的资本市场竞争中不断发展壮大。企业营利性（*Profit*）的标准差为0.550，表明数据的波动程度较大。中位数是0.065，说明我国上市公司虽然在整体上保持了一定程度的盈利能力，但是由于受到近年市场经济环境剧烈波动的影响，上市公司的盈利水平并不高，企业的发展受到了一定程度的阻碍。最大值和最小值之间具有较为明显的差距，分别为20.906和-36.402，表明在市场经济运行不稳定的情况下，有些企业可以在挑战中发现有利的机遇，使企业的盈利能力保持在一个较高的水平上，在困境中不断发展壮大；而有些企业则陷入到经营困境之中，出现盈利能力大幅度下降甚至负增长的情况，导致企业未来的发展道路笼罩在一片阴影之中。

2. 相关性分析

相关性分析能够初步考察模型各变量之间的相关关系，因此在进行多元回归分析之前，对模型（5-1）的变量进行了Pearson相关性检验，以初步判定变量之间的相互影响。表5-3报告了模型中各主要变量之间的Pearson相关系数。

表 5－3　模型（5－1）样本相关性分析

	FF	*Size*	*Tang*	*Profit*	*Growth*
FF	1.000				
Size	−0.396***	1.000			
Tang	−0.256***	0.139***	1.000		
Profit	0.027***	0.039***	0.002	1.000	
Growth	0.194***	−0.036**	−0.162***	0.005	1.000

注：***、** 分别表示 1%、5% 水平显著。

根据表 5－3 报告的样本数据统计结果，企业规模（*Size*）与财务柔性（*FF*）之间的相关性系数为 −0.396，在 1% 的水平上呈现显著的负相关关系，与预期符号一致，初步验证了企业规模会制约财务柔性的储备。资产有形性（*Tang*）与财务柔性（*FF*）之间的相关性系数为 −0.256，在 1% 的水平上呈现显著的负相关关系，与预期符号一致，初步验证了固定资产会降低企业的财务柔性储备，固定资产作为企业资源储备的一种重要方式，在保障企业长期平稳运行、降低投融资决策风险性方面，能够部分替代财务柔性的作用。企业营利性（*Profit*）与财务柔性（*FF*）之间的相关性系数为 0.027，在 1% 的水平上呈现显著的正相关关系，与预期符号一致，初步验证了营利性高的企业，其财务柔性储备的水平也相对较高。企业的盈利能力是财务柔性来源的一项重要保证。企业成长性（*Growth*）与财务柔性（*FF*）之间的相关系数为 0.194，在 1% 的水平上呈现显著的正相关关系，与预期符号一致，初步验证了具有高成长性的企业，为了保障投融资决策的有效实施，对财务柔性的储备有较高的需求度。

在其他变量之间的相关性方面，资产有形性（*Tang*）与企业规模（*Size*）之间呈现显著的正相关关系，相关系数为 0.139，说明提高有形资产比重是企业扩大经营规模的一种主要方式。企业营利性（*Profit*）与企业规模（*Size*）之间呈现显著的正相关关系，相关系数为 0.039，说明大规模的企业由于采用多元化的经营模式，能够有效地分散风险，同时，大规模企业在市场竞争力、品牌效应以及银行信贷支持方面具有一定的优势，因此其盈利能力也相对更强。企业成长性（*Growth*）与企业规模（*Size*）之间呈现显著的负相关关系，相关系数为 -0.036，说明大规模企业逐步进入到企业发展的瓶颈期，在市场销售以及用户需求方面都逐步趋于稳定，过大的规模导致企业本身存在着经营惯性，很难迅速调整自身的战略经营决策和选择，阻碍了企业的成长空间。另外，各主要变量之间相关系数的绝对值较小，最大值为财务柔性（*FF*）与公司规模（*Size*）之间的相关系数绝对值 0.396，并未超过 0.500，初步判定各变量之间的相关性较弱，模型不存在严重的多重共线性问题。相关性分析只能为变量之间的关系提供较为初步的推测，想要进一步深入地分析解释变量对被解释变量的影响，则需要进行更深层次的多元回归检验。

3. 多元回归分析

在相关性分析的基础上，对模型（5 -1）进行了多元回归分析来检验本书所提出的变量是否有效。表 5 -4 报告了模型的多元回归分析结果。

表 5 -4　模型（5 -1）多元回归分析

变量	(1)	(2)
Size	-0.071*** (-41.180)	-0.062*** (-18.220)
Tang	-0.272*** (-19.980)	-0.132*** (-6.320)
Growth	0.056*** (16.790)	0.061*** (17.640)
Profit	0.002*** (4.620)	0.094*** (5.960)
常数项	1.809*** (47.800)	1.577*** (20.860)
年份	控制	控制
行业	控制	控制
样本量	12042	12042
$Adj-R^2$	0.223	0.255
F 值	710.860***	216.030***

注：*** 表示 1% 水平显著，括号中报告了数据的 *t* 值。

表 5 -4 的（1）列是采用混合回归模型进行实证检验的回归结果。模

型的 $Adj-R^2$ 为0.223，F 值为710.860，在1%的水平上显著，模型的拟合程度较高，表明指标的选取具备一定的有效性。企业规模（*Size*）的回归系数为-0.071，在1%的水平上显著，表明企业规模与财务柔性之间存在着显著的负相关关系，与预期方向一致，大规模的企业在生产经营的各个方面都具备较强的实力，陷入财务困境的可能性也相对较低，因此对财务柔性的需求程度也相对较小。资产有形性（*Tang*）的回归系数为-0.272，在1%的水平上显著，表明资产有形性与财务柔性之间存在着显著的负相关关系，与预期方向一致，有形资产在一定程度上与企业储备的财务柔性之间存在着替代效应。企业营利性（*Profit*）的回归系数为0.002，在1%的水平上显著，表明企业营利性与财务柔性之间存在着显著的正相关关系，与预期方向一致，营利性高的企业拥有稳定的内部现金流，保障了企业的财务柔性储备。企业成长性（*Growth*）的回归系数为0.056，在1%的水平上显著，表明企业的成长性与财务柔性之间存在着显著的正相关关系，与预期方向一致，成长性高的企业面临更多的投资机会，因此对财务柔性的需求也相对较高。

表5-4的（2）列是采用面板数据固定效应模型进行实证检验的回归结果。模型的 $Adj-R^2$ 为0.255，F 值为216.030，在1%的水平上显著，模型的拟合程度得到进一步的提高。企业规模（*Size*）的回归系数为-0.062，在1%的水平上显著，表明企业规模与财务柔性之间存在着显著的负相关关系，与预期方向一致。资产有形性（*Tang*）的回归系数为-0.132，在1%的水平上显著，表明资产有形性与财务柔性之间存在着显著的负相关关系，与预期方向一致。企业营利性（*Profit*）的回归系数为0.094，在1%的水平上显著，表明企业营利性与财务柔性之间存在着显著的正相关关系，与预期方向一致。企业成长性（*Growth*）的回归系数为0.061，在1%的水平上显著，表明企业的成长性与财务柔性之间存在着显著的正相关关系，与预期方向一致。各解释变量回归结果的符号同样与理论预期相符，进一步证明了变量选取的有效性。

三、研究设计

（一）变量定义

王良勇和饶静（2013）研究认为，企业的环境不确定性应当细分为三个不同的层次，即宏观环境不确定性、行业环境不确定性以及企业微观的环境不确定性。本书借鉴这一观点，从以下两个方面分别定义环境不确定性。

1. 宏观环境不确定性

在统计学研究中，计算标准差被认为是衡量变量波动性的一种最为有效的度量方法，国内外学者在相关研究中，也大多采用宏观经济指标的方差或标准差来作为度量宏观环境不确定性的代理变量。宏观货币政策作为国家宏观调控的一项重要政策手段，通过其传导机制能够对银行的信贷政策、企业受到的融资约束程度以及企业资金的流动性等方面产生重大的影响，进而对企业的财务管理目标以及战略决策选择产生显著的影响（黄志忠和谢军，2013）。据此，本书借鉴 Talavera（2012）的研究方法，采用月度 M2 增长率的方差作为宏观环境不确定性的代理变量。

2. 行业环境不确定性以及企业环境不确定性

企业生产和经营的一个重要目的就是要保证企业价值的最大化。企业能够保证长期稳定发展的关键取决于企业利润的稳定增长。外部环境的波动对企业生产经营造成的影响最终都会通过企业当期利润的变化而被直观地反映出来。企业净利润的高低既是衡量企业经营状况好坏的核心指标，也是对外部市场环境变化的一项重要反馈。据此，本书借鉴刘明旭和向显湖（2014）的研究方法，采用近三年净利润率的标准差作为企业个体环境不确定性的代理指标。用同一年度同一行业内所有企业不确定性水平的均值作为行业环境不确定性的代理指标。

变量的具体定义如表 5 – 5 所示。

表 5 – 5　变量定义表

变量名称	变量定义	变量计算方法
FF	财务柔性	（企业现金持有率 – 行业平均现金持有率） + Max（行业平均负债比率 – 企业负债比率，0）
Mune	宏观环境不确定性	月度 M2 增长率的方差
Iune	行业环境不确定性	行业内所有企业不确定性水平的均值
Eune	企业环境不确定性	近三年净利润率的标准差
Tang	资产有形性	固定资产/年末总资产
Size	企业规模	企业年末总资产的自然对数
Growth	企业成长性	（年末资产总额 – 年初资产总额）/年初资产总额
Profit	营利性	净利润/主营业务收入

（二）模型设计

为了验证假设 2，借鉴 Byoun（2008）以及 Cook 和 Tang（2010）的研究方法，构建财务柔性的部分调整模型（5 – 3）：

$$FF_{it} - FF_{it-1} = \lambda(TarFF_{it} - FF_{it-1}) + \varepsilon \qquad (5-3)$$

其中，FF_{it}表示 i 企业 t 期的财务柔性水平；FF_{it-1}表示 i 企业 $t-1$ 期的财务柔性水平；$TarFF_{it}$表示 i 企业 t 期的最优财务柔性水平；λ 表示企业的财务柔性动态调整速度。

将模型（5 – 2）代入模型（5 – 3）中，整理得到模型（5 – 4）：

$$FF_{it} = (1-\lambda)FF_{it-1} + \lambda\beta\sum X_{it} + \sum Year + \sum Industry + \varepsilon \qquad (5-4)$$

为了研究环境不确定性对企业财务柔性调整速度的影响，本书在模型（5 – 4）的基础上引入环境不确定性的代理变量，构建财务柔性动态调整的扩展模型（5 – 5）。

$$FF_{it} = (1 - \lambda\eta Une_{it})FF_{it-1} + \gamma Une_{it} + \lambda\beta\sum X_{it} + \sum Year + \sum Industry + \varepsilon \quad (5-5)$$

此时，企业财务柔性的动态调整速度为 $\lambda - \eta Une_{it}$。如果 η 的符号显著为负，则表明环境不确定性的程度加剧会提高财务柔性的动态调整速度，假设 2 成立。

四、实证结果分析

（一）描述性统计分析

本书对模型（5－5）的各主要变量进行了描述性统计分析，希望通过分析变量的数据特征，对我国环境不确定性的波动情况有一个较为直观的了解，为后文的回归分析奠定基础。表 5－6 报告了模型中各主要变量的描述性统计分析结果。

表 5－6　模型（5－5）样本描述性统计

变量名称	样本数量	均值	标准差	最小值	最大值	中位数
FF	9500	0.183	0.249	－0.288	1.247	0.122
Mune	9500	1.014	0.665	0.380	2.120	0.670
Iune	7765	0.105	0.161	0.019	1.821	0.064
Eune	7765	0.065	0.845	0.000	35.147	0.022
Tang	9500	0.231	0.171	0.002	0.912	0.197
Size	9500	22.116	1.307	17.663	28.508	21.932
Growth	9500	0.167	0.451	－0.877	12.814	0.092
Profit	9500	0.071	0.566	－36.402	20.907	0.059

通过表 5-6 的数据分析可以看到，宏观环境不确定性（*Mune*）的均值为 1.014、标准差为 0.665，数据存在着一定的波动性。最大值为 2.120、最小值为 0.380，表明我国近年来宏观环境的不确定性存在着较为明显的差异，为分析宏观环境不确定性对企业财务柔性动态调整的影响提供了可能。行业环境不确定性（*Iune*）的均值为 0.105、标准差为 0.161，数据存在着一定的波动性。最大值为 1.821、最小值为 0.019，表明我国不同行业的环境不确定性存在着较为明显的差异，为分析行业环境不确定性对企业财务柔性动态调整的影响提供了可能。企业个体环境不确定性（*Eune*）的均值为 0.065、标准差为 0.845，数据的波动性较强。最大值为 35.147、最小值为 0.000[①]，表明我国企业个体环境不确定性存在着极为显著的差异，为分析企业环境不确定性对财务柔性动态调整的影响提供了可能。

其他变量方面，财务柔性（*FF*）的标准差为 0.249，表明数据存在着一定的波动性。中位数为 0.122、均值为 0.183，表明我国大部分上市公司都进行了财务柔性的储备，但是储备的水平还相对较低，企业应当提高对财务柔性的重视程度。最大值为 1.247、最小值为 -0.288，表明我国上市公司在财务柔性的储备上存在着明显的差异，对财务柔性的重视程度也不尽相同。一些企业对财务柔性的理解仍然处于被动接受的过程中，财务柔性的储备意识相对薄弱。资产有形性（*Tang*）的标准差为 0.171，表明数据存在着一定的波动性。中位数为 0.197、均值为 0.231，表明我国上市公司的固定资产比重约在 20%。固定资产依然是企业总资产中的一项重要组成部分。最小值为 0.002，表明我国一些上市公司几乎没有任何固定资产。伴随互联网技术的高速发展，企业的经营模式已经出现了巨大的转变。虚拟经济以及非实体经济的大量涌入，丰富了我国资本市场的多样性，同时也对传统的实体经济产生了强烈的冲击。企业成长性（*Growth*）的标准差为 0.451，说明数据的波动程度较大。中位数为 0.092、均值为

① 企业个体环境不确定性的最小值为 0.0000702。

0.167，表明我国大部分上市公司仍然保持着一个较为稳定的增长态势，但是由于受到国际经济大环境以及我国市场经济波动的影响，企业的成长速度相对放缓。最大值为12.814、最小值为-0.877，表明我国上市公司在成长性方面具有显著的差异。由于我国经济的发展正处于一个复杂多变的态势之中，一些企业由于无法找准自己的市场定位，或是在经济转型和技术升级的过程中出现决策失误，使得企业出现了负增长的情况，导致企业面临着巨大的经营风险和成长困境。而一些企业的成长性较高，成为了促进资本市场繁荣的有生力量，在激烈的资本市场竞争中不断地发展壮大。企业营利性（*Profit*）的标准差为0.566，表明数据的波动程度较大。中位数为0.059、均值为0.071，表明我国的上市公司虽然在整体上保持了一定程度的盈利能力，但是由于受到国内外经济环境波动的巨大影响，企业的盈利水平并不高，企业的发展受到了一定程度的阻碍。最大值为20.907、最小值为-36.402，表明我国上市公司在盈利能力上存在显著的差异，一些企业的盈利水平不容乐观，陷入到了“入不敷出”的困境之中，为企业之后的经营和发展蒙上了巨大的阴影。而有些企业依然能够在市场经济运行不稳定的大环境中保持较高的盈利能力，在风险中发现有利的机遇，不断壮大自身的实力。

（二）相关性分析

相关性分析能够初步考察模型各变量之间的相关关系，因此在进行多元回归分析之前，对模型变量进行了Pearson相关性检验，以初步判定变量之间的相互影响。表5-7和表5-8报告了模型中各主要变量之间的Pearson相关系数。

表5-7 宏观环境不确定性相关性分析

	FF	*Mune*	*Size*	*Tang*	*Profit*	*Growth*
FF	1.000					
Mune	0.033***	1.000				

续表

	FF	*Mune*	*Size*	*Tang*	*Profit*	*Growth*
Size	-0.397 ***	-0.034 ***	1.000			
Tang	-0.261 ***	-0.031 ***	0.094 ***	1.000		
Profit	0.352 ***	0.042 ***	0.039 ***	-0.165 ***	1.000	
Growth	0.068 ***	0.089 ***	0.058 ***	-0.213 ***	0.225 ***	1.000

注：*** 表示1%水平显著。

表5-7报告了宏观环境不确定性的相关性分析，通过分析数据我们发现，宏观环境不确定性（*Mune*）与财务柔性（*FF*）之间的相关系数为0.033，在1%的水平上呈现显著的正相关关系。表明企业的管理者通过储备财务柔性的方式来应对宏观环境的变化，宏观环境不确定性会提高企业的财务柔性储备。企业规模（*Size*）与财务柔性（*FF*）之间的相关系数为-0.397，在1%的水平上呈现显著的负相关关系；资产有形性（*Tang*）与财务柔性（*FF*）之间的相关系数为-0.261，在1%的水平上呈现显著的负相关关系；企业营利性（*Profit*）与财务柔性（*FF*）之间的相关系数为0.352，在1%的水平上呈现显著的正相关关系；企业成长性（*Growth*）与财务柔性（*FF*）之间的相关系数为0.068，在1%的水平上呈现显著的正相关关系，与之前的研究结论相一致，证明了变量选取的有效性。

其他变量方面，企业规模（*Size*）与宏观环境不确定性（*Mune*）之间的相关系数为-0.034，在1%的水平上呈现显著的负相关关系。宏观环境不确定性是国家宏观政策调控的直接体现，整体市场经济环境出现显著波动，会为企业的经营扩张带来不可预知的风险，给企业的扩大再生产带来不利的影响。企业规模（*Size*）与企业营利性（*Profit*）之间的相关系数为0.039，在1%的水平上呈现显著的正相关关系。表明大规模的企业由于实施多元化经营，在利润来源和抵御风险方面都具备更强劲的实力，因此有助于提高企业的盈利能力。同时，各主要变量的相关系数的绝对值较小，最大值为财务柔性（*FF*）与公司规模（*Size*）之间的相关系数绝对值

0.397，并没有超过0.500，初步判定各变量之间的相关性较弱，模型不存在严重的多重共线性问题。相关性分析只能为变量之间的关系提供较为初步的推测，想要进一步深入地分析解释变量对被解释变量的影响，则需要进行更深层次的多元回归检验。

表5-8　行业和企业环境不确定性相关性分析

	FF	*Iune*	*Eune*	*Size*	*Tang*	*Profit*	*Growth*
FF	1.000						
Iune	0.007	1.000					
Eune	0.086***	0.173***	1.000				
Size	-0.347***	0.083***	-0.187***	1.000			
Tang	-0.218***	-0.297***	-0.078***	0.082***	1.000		
Profit	0.323***	0.094***	-0.054***	0.068***	-0.156**	1.000	
Growth	0.055***	0.004	-0.038***	0.091***	-0.225***	0.235**	1.000

注：***、**分别表示1%、5%水平显著。

表5-8报告了行业环境不确定性和企业个体环境不确定性的相关性分析，通过分析数据我们发现，行业环境不确定性（*Iune*）与财务柔性（*FF*）之间的相关系数为0.007，表明行业环境不确定性有可能会提高企业的财务柔性储备水平，但是相关性并不显著。企业个体环境不确定性（*Eune*）与财务柔性（*FF*）在1%的水平上呈现显著的正相关关系，相关系数为0.086。表明企业的管理者通过储备财务柔性的方式来应对企业个体环境的变化，企业个体环境不确定性会提高财务柔性的储备水平。企业规模（*Size*）与财务柔性（*FF*）的相关系数为-0.347，在1%的水平上呈现显著的负相关关系；资产有形性（*Tang*）与财务柔性（*FF*）的相关系数为-0.218，在1%的水平上呈现显著的负相关关系；企业营利性（*Profit*）与财务柔性（*FF*）的相关系数为0.323，在1%的水平上呈现显著的正相关关系；企业成长性（*Growth*）与财务柔性（*FF*）的相关系数为0.055，在1%的水平上呈现显著的正相关关系，与之前的研究结论相一致，证明了

变量选取的有效性。

其他变量方面，企业营利性（*Profit*）与企业个体环境不确定性（*Eune*）之间的相关系数为 -0.054，在1%的水平上呈现显著的负相关关系；企业成长性（*Growth*）与企业个体环境不确定性（*Eune*）之间的相关系数为 -0.038，在1%的水平上呈现显著的负相关关系。企业个体环境不确定性作为与企业联系最为密切的外部环境特征，它的波动和变化会为企业带来更为直接和显著的影响，给企业的营利性和成长性带来不利的干扰。同时，各主要变量的相关系数的绝对值较小，最大值为财务柔性（*FF*）与公司规模（*Size*）之间的相关系数绝对值0.347，并未超过0.500，初步判定各变量之间的相关性较弱，模型不存在严重的多重共线性问题。相关性分析只能为变量之间的关系提供较为初步的推测，想要进一步深入地分析解释变量对被解释变量的影响，则需要进行更深层次的多元回归检验。

（三）回归结果分析

在上述分析的基础上，本书对模型（5-5）进行了多元回归分析，来检验研究所提出的假设是否正确。表5-9报告了模型（5-5）的多元回归分析结果。

表5-9　模型（5-5）多元回归分析

变量	(1)	(2)	(3)	(4)	(5)	(6)
FF_{it-1}	0.761*** (90.040)	0.811*** (20.230)	0.788*** (80.580)	0.821*** (13.580)	0.771*** (95.380)	0.900*** (13.910)
Mune	0.007*** (3.100)	0.026*** (4.750)				
$Mune \times FF_{it-1}$	-0.036*** (-5.790)	-0.049* (-1.740)				
Iune			0.012*** (3.640)	0.052*** (7.520)		

续表

变量	(1)	(2)	(3)	(4)	(5)	(6)
$Iune \times FF_{it-1}$			-0.031***	-0.354***		
			(-2.740)	(-8.610)		
$Eune$					0.055***	0.370***
					(4.840)	(6.930)
$Eune \times FF_{it-1}$					-0.168***	-0.858***
					(-3.310)	(-8.200)
$Tang$	-0.036***	-0.255***	-0.033***	-0.247***	-0.021***	-0.252***
	(-4.550)	(-5.590)	(-4.140)	(-5.000)	(-2.950)	(-5.300)
$Size$	-0.017***	-0.062***	-0.012***	-0.056***	-0.013***	-0.059***
	(-16.760)	(-4.370)	(-12.490)	(-4.400)	(-13.710)	(-4.810)
$Profit$	0.177***	0.151***	0.018***	0.152***	0.161***	0.134***
	(17.710)	(5.910)	(8.900)	(6.090)	(16.770)	(5.750)
$Growth$	0.029***	0.049***	0.006**	0.085***	0.005	0.086***
	(6.170)	(2.780)	(2.350)	(4.330)	(0.850)	(4.320)
常数项	0.405***	1.431***	0.302***	1.306***	0.325***	1.375***
	(17.250)	(4.460)	(13.830)	(4.500)	(14.480)	(4.900)
年份	控制	控制	控制	控制	控制	控制
行业	控制	控制	控制	控制	控制	控制
样本量	9500	9500	7765	7765	7765	7765
$Adj-R^2$	0.778		0.759		0.768	
$Sargan$ 检验		13.808		12.993		7.639
		(0.054)		(0.162)		(0.177)
AR (1)		-10.211		-10.266		-9.885
		(0.000)		(0.000)		(0.000)
AR (2)		-0.383		0.511		0.056
		(0.702)		(0.609)		(0.954)

注：***、**、*分别表示在1%、5%、10%水平上显著，括号中报告了数据的 t 值和 z 值。

表5-9的（1）列和（2）列显示的是宏观环境不确定性的实证回归

结果，其中（1）列是采用混合 *OLS* 回归的方法对模型（5－5）进行实证检验的结果。由于存在财务柔性（*FF*）的一阶滞后项，因此，反映模型整体回归效果的 $Adj-R^2$ 较大，为0.778。模型中的交叉项 $Mune \times FF_{it-1}$ 的系数为－0.036，在1%的水平上显著为负。（2）列是采用动态面板广义矩估计（*GMM*）的方法对模型（5－5）进行实证检验的结果。模型中的交叉项 $Mune \times FF_{it-1}$ 的系数为－0.049，在10%的水平上显著为负，与预期的符号方向相一致，表明宏观环境不确定性会提高企业的财务柔性动态调整速度。货币政策、财政政策等一系列宏观经济政策措施是国家对市场经济进行宏观调控的主要手段，这些政策措施的出台对我国市场经济的整体运行产生了巨大影响，宏观环境的波动对企业的生产经营产生了巨大的外部冲击，导致企业的财务柔性储备偏离了其目标水平。因此，为了更好地适应宏观环境的变化，满足企业在战略决策上的资金需求，企业会加快财务柔性的动态调整速度。对于整体的回归结果而言，FF_{it-1} 的系数为0.811，结合模型的经济意义，可以得到财务柔性的动态调整速度为 $0.189+0.049 \times Mune$。为了能够更为明确和直观地分析宏观环境不确定性对财务柔性动态调整的影响，将宏观环境不确定性的均值代入到回归结果之中，对财务柔性的动态调整速度进行了初步的拟合估计。在引入了宏观环境不确定性变量之后，财务柔性动态调整的速度由18.9%提高到了23.8%，宏观环境不确定性加快了财务柔性的动态调整速度。另外，资产有形性（*Tang*）的回归系数为－0.255，在1%的水平上显著为负，企业规模（*Size*）的回归系数为－0.062，在1%的水平上显著为负，企业营利性（*Profit*）的回归系数为0.151，在1%的水平上显著为正，企业成长性（*Growth*）的回归系数为0.049，在1%的水平上显著为正，与预期结果一致。证明了变量选取的有效性。模型的 *Sargan* 检验结果为0.054，在5%的显著性水平上无法拒绝"所有工具变量均有效"的原假设，模型的 *AR*（1）和 *AR*（2）分别为0.000和0.702，说明模型存在一阶自相关，但不存在二阶自相关，工具变量的选取较为合理，可以采用 *GMM* 估计方法对模型进行回归分析。

表5-9的（3）列和（4）列显示的是行业环境不确定性的实证回归结果，其中（3）列是采用混合*OLS*回归的方法对模型（5-5）进行实证检验的结果。由于存在财务柔性（*FF*）的一阶滞后项，因此，反映模型整体回归效果的$Adj-R^2$较大，为0.759。模型中的交叉项$Iune \times FF_{it-1}$的系数为-0.031，在1%的水平上显著为负。（4）列是采用动态面板广义矩估计（*GMM*）的方法对模型（5-5）进行实证检验的结果。模型中的交叉项$Iune \times FF_{it-1}$的系数为-0.354，在1%的水平上显著为负，与预期的符号方向相一致，表明行业环境不确定性会提高企业的财务柔性动态调整速度。行业竞争状况、行业布局、行业壁垒以及行业发展前景等多方面因素对企业所处的行业环境产生巨大的波动，进而影响企业的经营布局和市场定位。为了能够在行业竞争中保持优势地位，企业很有可能会改变之前的战略规划以适应行业环境的不断变化。因此，企业之前的财务柔性储备可能无法有效满足自身的经营决策需要，此时需要及时调整企业的财务柔性储备水平。对于整体的回归结果而言，FF_{it-1}的系数为0.821，结合模型的经济意义，可以得到财务柔性的动态调整速度为$0.179+0.354 \times Iune$。为了能够更为明确和直观地分析行业环境不确定性对财务柔性动态调整的影响，将行业环境不确定性的均值代入到回归结果之中，对财务柔性的动态调整速度进行了初步的拟合估计。在引入了行业环境不确定性变量之后，财务柔性动态调整的速度由17.9%提高到了21.6%，行业环境不确定性加快了财务柔性的动态调整速度。另外，资产有形性（*Tang*）的回归系数为-0.247，在1%的水平上显著为负，企业规模（*Size*）的回归系数为-0.056，在1%的水平上显著为负，企业营利性（*Profit*）的回归系数为0.152，在1%的水平上显著为正，企业成长性（*Growth*）的回归系数为0.085，在1%的水平上显著为正，与预期结果一致，证明了变量选取的有效性。模型的*Sargan*检验结果为0.162，在10%的显著性水平上无法拒绝“所有工具变量均有效”的原假设，模型的*AR*（1）和*AR*（2）分别为0.000和0.609，说明模型存在一阶自相关，但不存在二阶自相关，工具变量的选取较为合理，可以采用*GMM*估计方法对模型进行回归分析。

表5-9的（5）列和（6）列显示的是企业环境不确定性的实证回归结果，其中（5）列是采用混合 *OLS* 回归的方法对模型（5-5）进行实证检验的结果。由于存在财务柔性（*FF*）的一阶滞后项，因此，反映模型整体回归效果的 $Adj-R^2$ 较大，为0.768。模型中的交叉项 $Eune \times FF_{it-1}$ 的回归系数为-0.168，在1%的水平上显著为负。（6）列是采用动态面板广义矩估计（*GMM*）的方法对模型（5-5）进行实证检验的结果。模型中的交叉项 $Eune \times FF_{it-1}$ 的回归系数为-0.858，在1%的水平上显著为负，与预期的符号方向一致，表明企业环境不确定性会提高财务柔性的动态调整速度。在组织规模扩大、业务模式转变以及技术创新等多方面因素的影响下，同一行业不同企业所面临的环境不确定性也存在巨大的差异。企业应当结合自身的实际情况，对财务柔性的储备进行积极主动的调整，以帮助企业更好地防范风险，保证企业的长期平稳运营。对于整体的回归结果而言，FF_{it-1} 的系数为0.900，结合模型的经济意义可以得到财务柔性的动态调整速度为 $0.100+0.858 \times Eune$。为了能够更为明确和直观地分析企业环境不确定性对财务柔性动态调整的影响，将企业环境不确定性的均值代入到回归结果之中，对财务柔性的动态调整速度进行了初步的拟合估计。在引入了企业环境不确定性变量之后，财务柔性动态调整的速度由10%提高到了15.6%，企业环境不确定性加快了财务柔性的动态调整速度。另外，资产有形性（*Tang*）的回归系数为-0.252，在1%的水平上显著为负，企业规模（*Size*）的系数为-0.059，在1%的水平上显著为负，企业营利性（*Profit*）的回归系数为0.134，在1%的水平上显著为正，企业成长性（*Growth*）的回归系数为0.086，在1%的水平上显著为正，与预期结果一致，证明了变量选取的有效性。模型的 *Sargan* 检验结果为0.177，在10%的显著性水平上无法拒绝“所有工具变量均有效”的原假设，模型的 *AR*（1）和 *AR*（2）分别为0.000和0.954，说明模型存在一阶自相关，但不存在二阶自相关，工具变量的选取较为合理，可以采用 *GMM* 估计方法对模型进行回归分析。

通过对多元回归结果的分析，证实了环境不确定性会提高企业财务柔性的动态调整速度，假设 2 成立。当环境出现剧烈波动时，一方面，企业之前的财务柔性储备可能无法有效满足自身的战略决策需要，此时需要及时调整企业的财务柔性储备水平；另一方面，由于货币政策、财政政策、行业竞争程度甚至投资环境出现较大改变，会导致企业前期的财务柔性储备出现偏离目标财务柔性水平的情况，此时也需要企业对财务柔性做出快速及时的调整，以适应外部经营环境的变化，保证财务柔性能够发挥出其最大的作用。因此，为了应对环境不确定性，企业会提高其财务柔性的动态调整速度。

五、稳健性检验

本章通过对模型的回归分析证实了研究假设，为了保证实证结果的稳健性，本节通过环境不确定性变量替换检验以及财务柔性阈值检验等实证方法对研究假设进行了稳健性检验。

（一）环境不确定性变量替换检验

宏观环境不确定性作为市场经济整体大环境的一个重要特征，货币政策、财政政策等一系列政府政策措施的出台都会造成宏观经济的显著波动。因此宏观环境不确定性的代理变量存在着多个维度。为了保证本书研究结论的稳健性，借鉴 Baum（2004）的研究方法，采用月度 CPI 指数的方差作为宏观环境不确定性的代理变量进行稳健性检验。在行业环境不确定性和企业个体环境不确定性的度量方面，Cheng 和 Kesner（1997）认为，企业外部环境的波动最终都会通过影响企业的销售收入而被直观地表现出来。因此，企业销售收入的标准差通常被认为是衡量环境不确定性的一个有效指标。Ghosh 和 Olsen（2009）在相关研究中，采用行业调整后的企业

5 年销售收入的标准差作为衡量环境不确定性的指标。但是，企业的销售收入应当被视为两个部分，一是由于企业的正常经营而能够稳定获得的；二是由于企业受到外部环境波动的影响而形成的非正常销售收入。为了更加准确地度量环境不确定性，借鉴申慧慧（2012）的研究方法，采用经过行业调整后企业 5 年非正常销售收入的标准差来作为环境不确定性的度量指标，对模型（5－6）进行回归，计算企业 5 年的非正常销售收入。

$$Sale = \varphi_0 + \varphi_1 Year + \varepsilon \tag{5-6}$$

其中，*Sale* 表示企业的销售收入，*Year* 表示年度变量，如果观察值是过去第四年的，则 *Year* 的取值为 1；如果观察值是过去第三年的，则 *Year* 的取值为 2，以此类推，如果样本数据是当前年度的，则 *Year* 的取值为 5。模型（5－6）的残差表示的就是企业的非正常销售收入。计算出企业过去 5 年非正常销售收入的标准差，再除以企业过去 5 年销售收入的平均值，就得到了未经行业调整的环境不确定性。采用同一年度同一行业内所有企业未经行业调整的环境不确定性的中位数作为行业环境不确定性的代理指标。而各个企业未经行业调整的环境不确定性再除以行业环境不确定性就是企业个体微观环境不确定性的代理指标。由于这种方法需要用到过去 5 年的上市公司数据，即需要 2007 年的样本，而 2007 年我国上市公司的数目相对较少，导致在进行样本筛选时，人为地降低了实证分析的样本容量，会对实证分析的结果产生一定的偏差。因此，仅采用这种方法作为稳健性检验。表 5－10 报告了稳健性检验的回归结果。

表 5－10 环境不确定性变量替换检验

变量	（1）	（2）	（3）	（4）	（5）	（6）
FF_{it-1}	0.766***	0.807***	0.826***	0.799***	0.819***	0.894***
	（42.740）	（20.230）	（63.830）	（13.620）	（98.890）	（10.590）
Mune	0.006**	0.008				
	（2.290）	（0.390）				
$Mune \times FF_{it-1}$	－0.059***	－0.271***				
	（－2.860）	（－3.440）				

续表

变量	(1)	(2)	(3)	(4)	(5)	(6)
Iune			0.003*** (2.930)	0.012*** (2.640)		
$Iune \times FF_{it-1}$			-0.011*** (-3.150)	-0.013** (-2.180)		
Eune					0.024*** (3.040)	0.001*** (2.560)
$Eune \times FF_{it-1}$					-0.007*** (-3.170)	-0.011*** (-6.430)
Tang	-0.044*** (-5.940)	-0.335*** (-8.660)	-0.030*** (-3.890)	-0.156*** (-4.380)	-0.028*** (-3.720)	-0.162*** (-5.130)
Size	-0.014*** (-13.900)	-0.132*** (-12.200)	-0.014*** (-11.420)	-0.016** (-2.060)	-0.011*** (-10.490)	-0.013** (-2.360)
Profit	0.019*** (8.980)	0.188*** (9.330)	0.015*** (7.590)	0.018*** (2.800)	0.014*** (7.350)	0.017*** (3.460)
Growth	0.023*** (8.470)	0.024** (2.070)	0.015*** (6.370)	0.025*** (3.450)	0.015*** (6.540)	0.021*** (5.720)
常数项	0.349*** (14.660)	3.141*** (12.940)	0.315*** (12.450)	0.439** (2.390)	0.285*** (11.630)	0.439*** (4.320)
年份	控制	控制	控制	控制	控制	控制
行业	控制	控制	控制	控制	控制	控制
样本量	9500	9500	5535	5535	5535	5535
调整 *R* 方	0.771		0.741		0.743	
Sargan 检验		14.724 (0.098)		15.922 (0.053)		12.360 (0.080)
AR (1)		-11.479 (0.000)		-6.813 (0.000)		-6.261 (0.000)
AR (2)		-0.028 (0.977)		0.825 (0.409)		0.987 (0.323)

注：***、** 分别表示 1%、5% 水平显著，括号中报告了数据的 *t* 值和 *z* 值。

由表5－10的回归结果可知，在重新度量了环境不确定性之后，（1）列和（2）列宏观环境不确定性的交叉项 $Mune \times FF_{it-1}$ 的回归系数分别为－0.059和－0.271，在1%的水平上显著为负；（3）列和（4）列行业环境不确定性的交叉项 $Iune \times FF_{it-1}$ 的回归系数分别为－0.011和－0.013，在1%和5%的水平上显著为负；（5）列和（6）列企业环境不确定性的交叉项 $Eune \times FF_{it-1}$ 的回归系数分别为－0.007和－0.011，在1%的水平上显著为负。稳健性检验的结果进一步证明了假设，环境不确定性会提高企业财务柔性的动态调整速度。

（二）财务柔性阈值检验

基准的确定一直是财务柔性度量的一个难点问题，现有文献在财务柔性基准的选择问题上并没有形成统一的结论。行业均值法虽然具有一定的理论说服力和借鉴意义，但是并不是财务柔性基准选择的唯一标准，缺乏权威性。为了降低这一问题给实证结果带来的偏差，借鉴 Marchica 和 Mura（2010）去除随机误差的方法，将行业现金持有水平的均值调高10%，将行业财务杠杆水平的均值调低10%，通过修正过的财务柔性基准值，重新计算企业财务柔性的储备水平，并以此作为解释变量进行稳健性检验。表5－11报告了稳健性检验的回归结果。

表5－11　财务柔性阈值检验

变量	（1）	（2）	（3）	（4）	（5）	（6）
FF_{it-1}	0.767***	0.847***	0.800***	0.825***	0.779***	0.892***
	（91.890）	（16.420）	（90.810）	（13.110）	（98.760）	（12.790）
$Mune$	0.008***	0.028***				
	（3.200）	（4.840）				
$Mune \times FF_{it-1}$	－0.035***	－0.051*				
	（－5.870）	（－1.760）				
$Iune$			0.020**	0.070		
			（2.050）	（1.220）		

续表

变量	(1)	(2)	(3)	(4)	(5)	(6)
$Iune \times FF_{it-1}$			-0.053** (-2.260)	-0.464** (-2.210)		
Eune					0.062*** (4.810)	0.435*** (7.370)
$Eune \times FF_{it-1}$					-0.171*** (-3.450)	-0.817*** (-8.340)
Tang	-0.034*** (-4.590)	-0.259*** (-5.420)	-0.030*** (-3.980)	-0.243*** (-4.72)	-0.023*** (-3.090)	-0.256*** (-5.240)
Size	-0.018*** (-17.370)	-0.069*** (-4.820)	-0.013*** (-12.810)	-0.061*** (-4.720)	-0.015*** (-14.170)	-0.064*** (-5.130)
Profit	0.196*** (18.940)	0.170*** (6.340)	0.019*** (9.200)	0.174*** (6.690)	0.180*** (17.970)	0.149*** (6.240)
Growth	0.024*** (5.020)	0.043*** (2.720)	0.004 (1.540)	0.083*** (4.200)	-0.003 (-0.590)	0.085*** (4.260)
常数项	0.438*** (17.990)	1.594*** (4.870)	0.324*** (14.220)	1.424*** (4.810)	0.352*** (15.080)	1.502*** (5.200)
年份	控制	控制	控制	控制	控制	控制
行业	控制	控制	控制	控制	控制	控制
样本量	9500	9500	7765	7765	7765	7765
调整 *R* 方	0.786		0.771		0.780	
Sargan 检验		8.605 (0.197)		15.263 (0.083)		9.274 (0.098)
AR(1)		-10.245 (0.000)		-10.250 (0.000)		-9.712 (0.000)
AR(2)		-0.354 (0.723)		0.486 (0.626)		0.134 (0.892)

注：***、**、*分别表示在1%、5%、10%水平上显著，括号中报告了数据的 *t* 值和 *z* 值。

由表5-11的回归结果可知，在重新度量了财务柔性之后，(1) 列和

（2）列宏观环境不确定性的交叉项 $Mune \times FF_{it-1}$ 的回归系数分别为 -0.035 和 -0.051，在1%和10%的水平上显著为负；（3）列和（4）列行业环境不确定性的交叉项 $Iune \times FF_{it-1}$ 的回归系数分别为 -0.053 和 -0.464，在5%的水平上显著为负；（5）列和（6）列企业环境不确定性的交叉项 $Eune \times FF_{it-1}$ 的回归系数分别为 -0.171 和 -0.817，在1%的水平上显著为负。稳健性检验的结果进一步证明了假设，环境不确定性会提高企业财务柔性的动态调整速度。

六、本章小结

本章重点研究环境不确定性与财务柔性动态调整之间的相互关系。以我国沪深两市A股上市公司作为研究样本，将实证的研究窗口设置在2011～2015年之间，总共获得了1900家上市公司共计9500个样本数据。选取资产有形性、企业规模、企业营利性以及企业成长性等公司特征变量对最优财务柔性进行了拟合之后，运用Byoun（2008）以及Cook和Tang（2010）的研究方法，构建财务柔性部分调整模型，从宏观环境不确定性、行业环境不确定性以及企业环境不确定性三个细分层次，对研究假设进行了实证检验。

实证结果表明，环境不确定性会提高企业财务柔性的调整速度。无论是宏观环境不确定性、行业环境不确定性还是企业个体环境不确定性出现较大的波动时，企业都会及时对自身财务柔性的储备进行调整。环境不确定性是企业财务柔性储备的前提和先决条件，企业储备财务柔性的一个重要目的就是为了应对突发的环境变化以及有可能发生的财务风险困境。当外部的生产经营环境出现较大的波动时，企业原有的财务柔性储备水平可能会逐渐偏离目标财务柔性水平，无法再有效地满足企业的财务资源需求或者无法为企业的平稳运营提供足够的保障。此时，企业的管理者会重新审视外部环境的波动，及时调整自身的财务柔性储备水平，使其再次趋近于目标财务柔性储备水平，为企业的发展提供强有力的资源保障。

为了保证实证结果的有效性，本章还运用环境不确定性变量替代的方法，对模型进行了稳健性检验。稳健性检验的实证回归结果与之前一致，环境不确定性会提高财务柔性的调整速度。由于财务柔性的度量方法在理论界并没有形成统一的共识，因此本章对企业的财务柔性进行了重新的度量，通过财务柔性阈值检验对研究结果进行了稳健性检验，稳健性检验的回归结果再一次证明了本章的假设。

第六章　环境不确定性与管理者过度自信对财务柔性动态调整的影响

本章重点研究环境不确定性与管理者过度自信相互作用对财务柔性动态调整产生的综合影响。首先，通过理论分析提出本章的假设；其次，实证检验环境不确定性与管理者过度自信对财务柔性动态调整的影响；最后，对实证分析结果进行稳健性检验。

一、理论分析与研究假设

管理者作为企业组织领导的权利核心，既是战略布局的规划者，也是组织决策的制定者，同时还要对企业的经营发展承担相应的责任。因此，企业管理者的行为必然会对企业的经营成果和财务管理状况产生重大的实质性影响，而企业管理者的行为在一定程度上会受到其心理特征因素的左右。过度自信最初是认知心理学中的一个专业术语，由于人类存在系统性的认知偏差，会产生以自我为中心的心理暗示，这种暗示导致人类倾向于高估自身的知识水平和认知能力，同时排斥对外部有效信息的接收和理解，往往更愿意相信自己最初的决策判断。因此，过度自信是人类与生俱来、难以克服的一项重要心理特征。行为金融学开创性地将这一概念引入到企业经营行为的研究中来，将管理者的心理特征因素纳入企业财务管理研究的框架中，改变了传统资本结构理论关于理性人假设的研究前提（Simon，1955），为企业资本结构相关问题的研究提供了新的视角和方向。过度自信理论作为行为金融学的重要研究成果，认为人类普遍存在着过度自信的心理特征，而这种心理特征在企业管理者的身上会表现得更为突出。一方面，企业的管理者作为公司高层组织领导的核心成员，其人生价值和职能权利都极大程度上的得到了满足。充分掌握公司决策的话语权，会不断激发出企业管理者的潜力和工作热情，导致企业的管理者更容易出现控制幻觉（Langer，1975），他们对自身能力和知识水平的自信程度会随着手中控制力的加深得到进一步的放大，使其更愿意相信自己对相关信息和决策的判断，产生过度自信的心理倾向。另一方面，企业的生产经营决策由于受到多方面因素的影响，具有较强的复杂性，使得决策的准确性很难通过企业业绩获得有效的反馈，导致管理者过度自信的心理偏差很难得到及时的纠正。因此，过度自信理论认为企业的管理者作为自然人，其心理特征必然存在着一定程度上的波动，使得管理者在决策的过程中没有办法时刻保持理性的状态，过度自信会导致管理者对企业的生产经营状况出现不理性的判断，进而对企业的财务管理决策产生影响。

葛家澍和占美松（2008）的研究认为，财务柔性除了具有现实的能力之外，还具备潜在能力，而管理者的能力水平是激发财务柔性全部潜能的一个重要保证。因此，将行为金融学的相关理论纳入财务柔性的研究框架中，从管理者的角度来思考财务柔性问题具有重大的理论和现实意义。财务柔性是企业遇到不利冲击或有利的投资机会时，能够帮助企业以较低的成本筹集资金，及时调整企业的财务管理策略和资本结构，有效应对内外部环境的变化，进而实现企业价值最大化的能力。企业在生产经营的过程中，为了保证战略目标的顺利实施，规避不利因素对企业发展造成的冲击，防范可能发生的风险和财务困境，最大限度地提升企业的价值，会主动寻求财务柔性的储备。因此，财务柔性的储备水平依赖于企业管理者对外部环境变化的分析和判断，而管理者的心理特征因素会对这种判断产生微妙的影响，进而影响企业的财务柔性储备。不同于理性管理者的思考模式，过度自信的管理者往往会高估企业的盈利能力、低估投资项目的风险，认为企业始终处于良好的发展态势之中，决策判断的结果和可能性都在自身可以有效控制的范围之内，企业不会陷入财务困境之中（Hackbarth，2008）。对于外部环境的不理性判断以及对企业经营状况的盲目乐观预期，会导致企业的管理者调低财务柔性的储备水平，使得企业实际的财务柔性储备偏离其目标水平，财务柔性的价值在一定程度上受到抑制，其作用也没有办法得到最大限度的发挥。

企业实际的财务柔性储备由于受到外部环境变化、资金需求变化以及投资决策变化等多方面因素的影响，会逐渐偏离其目标财务柔性水平。企业的管理者出于对风险防范以及企业价值最大化的考虑，不会放任这种偏离情况长期持续下去，会主动对企业的实际财务柔性储备进行调整，使其重新趋近于目标财务柔性水平。在财务柔性的动态调整上，过度自信的管理者又与理性管理者之间存在差异。首先，过度自信的管理者在进行财务柔性动态调整的过程中会受到锚定效应的影响（Kahneman 和 Tversky，1974）。人在逻辑思维的过程中存在着惰性，导致一个人原有的观念和传统的思维模式很难被动摇，人们更愿意相信对某一个问题最初始的判断。当外部环境反馈的信息作用力较弱时，那么人们就不会对最初的心理预期进行修正。对于过度自信的企业管理者而言，这种情况将会体现得更加明显。过度自信的企业管理者会根据历史和经验的判断，如企业上一期的财务柔性储备情况，将财务柔性的储备目标锁定在一个固定值上，这种设定方法缺乏灵活性和合理性，并没有真实反映出企业对于财务柔性的实际需求，导致企业的管理者在之后的财务柔性动态调整方面缺乏主动性和足够的动力。其次，企业管理者在财务柔性动态调整的过程中，会参考之前的案例、类似的环境变化情况以及可供比较的数据信息，这些因素都会使企业的管理者被动地形成财务柔性的调整模式，不利于其对财务柔性的调整做出灵活的判断和安排。过度自信的企业管理者往往会对之前的决策充满信心，过高地估计了决策成功的可能性，导致其产生僵化的调整模式，忽略了外部环境的实际变化情况，使得企业的财务柔性储备水平没有获得充分的调整。最后，当客观的数据信息和分析结果证明管理者的决策存在偏差时，管理者会出现后悔厌恶的心理活动，这种对失败的抗拒情绪会导致管理者故意回避新的有效信息，造成认知失调的情况发生。过度自信的管理者如果存在认知失调，会采取高估自身能力的方法，坚持自己的决策方案，忽略对相关风险的考虑，导致财务柔性的动态调整出现进一步的偏差。过度自信降低了企业管理者判断的准确性和灵活性，导致其在财务柔性的动态调整过程中缺乏足够的动力，不能对企业的财务柔性储备做出充分的调整。Duncan（1972）依托信息基础理论，对管理者的行为与环境不确定性之间的关系进行了较为深入的阐述。由于人们在信息获取渠道、信息获取方式以及获取来源方面受到很多不可控因素的干扰，导致人们很难全面地获取和接受所有的内外部环境信息，不完全和不充分的信息造成了企业的环境不确定性。Duncan 同时指出，企业的管理者对环境复杂性的主观判断和反应会在一定程度上决定企业面临的环境不确定性的程度。企业的管理者由于无法时刻保持清醒的认识和理性的逻辑思维模式，很难对企业外部复杂的生产经营环境进行全面深入的理解和判断，而企业的管理者制定的战略决策方案最终来源于其对外部环境所蕴含的机遇和挑战的主观认识。不全面的信息引导了企业管理者的决策，导致决策的结果与实际情况产生偏离。由此可见，相对于环境本身，企业的管理者对环境变化的主观判断显得更为重要。过度自信的管理者由于在对环境不确定性的判断和理解上显著区别于理性的管理者，过度自信在一定程度上会直接影响环境不确定性对企业财务柔性动态调整的方式和速度。相比于理性管理者，过度自信的企业管理者存在着强烈的控制幻觉，他们往往会高估自己的管理和决策水平，将决策成功的关键归功于自身的能力和素质，认为外部环境的干扰因素基本处于自己可以控制的范围之内，不会对企业形成巨大的威胁。但实际上，控制幻觉并不会提升企业决策的成功率，反而导致企业的管理者忽视对风险的防范，降低了其对环境不确定性的重视程度，使得企业管理者对财务柔性调整的动力不足。另外，过度自信的管理者往往存在着更为严重的信息选择偏好，出于对负面因素以及决策失误的抵触心理和后悔厌恶，过度自信的管理者往往将关注的重点放在能够佐证决策有效的利好信息上，并将这种信息贯穿决策的整个过程中，导致企业管理者对决策的结果持有盲目乐观的情绪，过高地估计了决策成功的可能性，使得环境不确定性的相关信息被人为地忽视，降低了企业对财务柔性动态调整的动力。根据以上分析，本书提出假设3如下：

H3：管理者过度自信会降低环境不确定性对财务柔性调整速度的敏感性。

H3a：管理者过度自信会降低宏观环境不确定性对财务柔性调整速度的敏感性。

H3b：管理者过度自信会降低行业环境不确定性对财务柔性调整速度的敏感性。

H3c：管理者过度自信会降低企业环境不确定性对财务柔性调整速度的敏感性。

二、研究设计

（一）样本选择与数据来源

1. 数据来源

选取我国沪深两市A股上市公司的数据作为样本进行实证研究，上市公司的所有原始数据，包括需要用到的上市公司基本信息以及相关的财务报告数据等均来源于深圳国泰安信息技术有限公司与香港理工大学合作的中国股票市场研究数据库（CSMAR），简称国泰安数据库；同时，选用上海万德数据库（WIND）对相关数据资料进行补充，依据我国证监会2012

年修订的《上市公司行业分类指引》作为行业的划分标准。

2. 时间窗口

由于我国上市公司自2007年1月起开始执行新的会计准则，为了保证样本数据在研究期间具备可比性，所以将时间窗口确定在2007年之后。同时兼顾到数据的时效性，选取2011~2015年的上市公司数据作为样本进行实证研究。由于财务柔性动态调整的模型需要运用滞后一期的变量，因此本章最终的数据采集窗口确定为2010~2015年。

3. 样本筛选

对采集的样本进行了如下的筛选，希望尽可能地避免相关因素给研究带来的偏差。

第一，为了保证动态面板数据实证结果的有效性和准确性，选择2011~2015年具有5年连续观测值的我国A股上市公司作为实证样本，并将相关数据缺失以及存在异常值数据的上市公司予以剔除。

第二，考虑到金融类企业在资本结构等因素上具有特殊性，根据证监会2012年修订的《上市公司行业分类指引》，将金融类企业予以剔除。

第三，考虑到融资渠道不同可能对研究产生影响，将同时发行B股和H股的上市公司予以剔除。

第四，为了保证非正常财务绩效的公司不会对研究产生干扰，将2011~2015年当年被执行ST或*ST的上市公司予以剔除。

经过上述步骤的样本处理，获得具有5年连续观测值的我国沪深两市A股上市公司1900家共计9500个实证样本数据。为了消除极端值可能给实证研究造成的多元回归结果偏误，对极端值进行了上下各1%的Winsorized处理。

按照筛选标准，应用Excel 2010完成样本和数据的剔除与整理工作，运用Stata12统计软件对整理后的样本数据进行描述性统计分析、相关性分析、多元回归分析以及稳健性检验。

（二）变量定义

Hambrick（1992）认为，企业管理者由于在人生价值和权力控制等方面能够获得极大的心理满足，因此，他们更容易在管理企业的过程中产生控制幻觉，导致其过分乐观地认为事态的发展以及决策的进程都完全处于自身的掌控之中，从而更容易形成过度自信的心理倾向。企业向管理者支付的薪酬是对管理者价值的一种直接体现，是对管理者能力和水平的一种肯定。薪酬越高，表明管理者在企业内部的地位也就越高，能够发挥的作用也会更大。薪酬上的肯定在一定程度上会模糊企业管理者自身的心理定位，使其对自身的管理能力产生过分乐观的估计，从而导致企业的管理者出现过度自信的心理倾向。据此，本书借鉴姜付秀等（2009）的研究方法，以前三名高管的相对薪酬作为度量管理者过度自信的代理变量。

变量的具体定义如表 6－1 所示。

表 6－1　变量定义表

变量名称	变量定义	变量计算方法
FF	财务柔性	（企业现金持有率－行业平均现金持有率）＋*Max*（行业平均负债比率－企业负债比率，0）
Con	管理者过度自信	前三位高管薪酬之和/所有高管的薪酬之和
Mune	宏观环境不确定性	月度 M2 增长率的方差
Iune	行业环境不确定性	行业内所有企业不确定性水平的均值
Eune	企业个体环境不确定性	近三年净利润率的标准差
Tang	资产有形性	固定资产/年末总资产
Size	企业规模	企业年末总资产的自然对数
Growth	企业成长性	（年末资产总额－年初资产总额）/年初资产总额
Profit	营利性	净利润/主营业务收入

（三）模型设计

为了研究环境不确定性与管理者过度自信对财务柔性动态调整速度的影响，本书在模型（5－4）的基础上引入环境不确定性与管理者过度自信的交叉变量，构建财务柔性动态调整的扩展模型（6－1）。

$$FF_{it} = (1 - \lambda + \eta_1 Une_{it} + \eta_2 Con_{it} + \eta_3 Une_{it} \times Con_{it}) FF_{it-1} + \gamma_1 Une_{it} +$$

$$\gamma_2 Con_{it} + \gamma_3 Une_{it} \times Con_{it} + \lambda\beta \sum X_{it} + \sum Year + \sum Industry + \varepsilon \quad (6-1)$$

此时，企业财务柔性的动态调整速度为 $\lambda - \eta_1 Une_{it} - \eta_2 Con_{it} - \eta_3 Une_{it} \times Con_{it}$，当系数的符号显著为正时，表明管理者过度自信会降低环境不确定性对财务柔性调整速度的敏感性，假设 3 成立。

三、实证结果分析

（一）描述性统计分析

对模型（6－1）的各主要变量进行了描述性统计分析，希望通过分析变量的数据特征，对我国管理者过度自信的情况有一个较为直观的了解，为后文的回归分析奠定基础。表 6－2 报告了模型中各主要变量的描述性统计分析结果。

表 6－2　模型（6－1）样本描述性统计

变量名称	样本数量	均值	标准差	最小值	最大值	中位数
FF	9500	0.183	0.249	-0.288	1.247	0.122
Con	9500	0.404	0.125	0.185	0.825	0.385
Mune	9500	1.014	0.665	0.380	2.120	0.670
Iune	7765	0.105	0.161	0.019	1.821	0.064
Eune	7765	0.065	0.845	0.000①	35.147	0.022
Tang	9500	0.231	0.171	0.002	0.912	0.197
Size	9500	22.116	1.307	17.663	28.508	21.932
Growth	9500	0.167	0.451	-0.877	12.814	0.092
Profit	9500	0.071	0.566	-36.402	20.907	0.059

① 企业个体环境不确定性的最小值为 0.0000702。

通过表6－2的数据分析我们可以看到，管理者过度自信（*Con*）的标准差为0.125，数据存在着一定的波动性。均值为0.404，表明我国企业的管理者普遍存在着过度自信的心理偏差。最小值为0.185、最大值为0.825，表明我国管理者过度自信的程度存在着较为明显的差异，一些企业的管理者存在着较为严重的过度自信的心理倾向。

其他变量方面，财务柔性（*FF*）的标准差为0.249，表明数据存在着一定的波动性。中位数为0.122、均值为0.183，表明我国大部分上市公司都进行了财务柔性的储备，但是储备的水平还相对较低，企业应当提高对财务柔性的重视程度。最大值为1.247、最小值为－0.288，表明我国上市公司在财务柔性的储备上存在着明显的差异，对财务柔性的重视程度也不尽相同。一些企业对财务柔性的理解仍然处于被动接受的过程中，财务柔性的储备意识相对薄弱。资产有形性（*Tang*）的标准差为0.171，表明数据存在着一定的波动性。中位数为0.197、均值为0.231，表明我国上市公司的固定资产比重大约在20%。固定资产依然是企业总资产中的一项重要组成部分。最小值为0.002，表明我国一些上市公司几乎没有任何固定资产。伴随着互联网技术的高速发展，企业的经营模式已经出现了巨大的转变。虚拟经济以及非实体经济的大量涌入，丰富了我国资本市场的多样性，同时也会对传统的实体经济产生强烈的冲击。企业成长性（*Growth*）的标准差为0.451，说明数据的波动程度较大。中位数为0.092、均值为0.167，表明我国大部分上市公司仍然保持着一个较为稳定的增长态势，但是由于受到国际经济大环境以及我国市场经济波动的影响，企业的成长速度相对放缓。最大值为12.814、最小值为－0.877，表明我国上市公司在成长性方面具有显著的差异。由于我国经济的发展正处于一个复杂多变的态势之中，一些企业由于无法找准自己的市场定位，或是在经济转型和技术升级的过程中出现决策失误，使得企业出现了负增长的情况，导致企业面临着巨大的经营风险和成长困境。而一些企业的成长性较高，成为了促进资本市场繁荣的有生力量，在激烈的资本市场竞争中不断发展壮大。企业营利性（*Profit*）的标准差为0.566，表明数据的波动程度较大。中位数为0.059、均值为0.071，表明我国的上市公司虽然在整体上保持了一定程度上的盈利能力，但是由于受到国内外经济环境波动的巨大影响，企业的盈利水平并不高，企业的发展受到了一定程度上的阻碍。最大值为20.907、最小值为-36.402，表明我国上市公司在盈利能力上存在着显著的差异，一些企业的盈利水平不容乐观，陷入到了“入不敷出”的困境之中，为企业之后的经营和发展蒙上了巨大的阴影。而有些企业依然能够在市场经济运行不稳定的大环境中保持较高的盈利能力，在风险中发现有利的机遇，不断壮大自身的实力。

（二）相关性分析

相关性分析能够初步考察模型各变量之间的相关关系，因此在进行多元回归分析之前，对模型变量进行了Pearson相关性检验，以初步判定变量之间的相互影响。表6-3报告了模型中各主要变量之间的Pearson相关系数。

表6-3报告了管理者过度自信的相关性分析，通过数据我们可以发现，管理者过度自信（*Con*）与财务柔性（*FF*）之间的相关系数为0.107，在1%的水平上呈现显著的正相关关系，表明过度自信的企业管理者很有可能会提高企业财务柔性的储备水平。过度自信的管理者由于会高估自身的能力和水平，对投资决策的收益持有较为乐观的态度，低估了发生风险的可能性，因此，过度自信的管理者倾向于提高企业的投资水平，造成企业的过度投资。为了满足其在资金上的需求，过度自信的管理者很有可能会提高企业的财务柔性储备水平，以保证投资决策顺利执行。企业的管理者越自信，其财务柔性的储备水平也相对越高。企业规模（*Size*）与财务柔性（*FF*）的相关系数为-0.341，在1%的水平上呈现显著的负相关关系；资产有形性（*Tang*）与财务柔性（*FF*）的相关系数为-0.217，在1%的水平上呈现显著的负相关关系；企业营利性（*Profit*）与财务柔性（*FF*）的相关系数为0.112，在1%的水平上呈现显著的正相关关系；企业成长性（*Growth*）与财务柔性（*FF*）的相关系数为0.054，在1%的水平上呈现显著的正相关关系，与研究结论相一致，证明了变量选取的有效性。

表 6－3　模型(6－1)样本相关性分析

	FF	*Con*	*Mune*	*Iune*	*Eune*	*Size*	*Tang*	*Profit*	*Growth*
FF	1.000								
Con	0.107***	1.000							
Mune	0.001	0.028***	1.000						
Iune	0.006	0.076***	0.052***	1.000					
Eune	0.039***	0.072***	0.010	0.191***	1.000				
Size	−0.341***	−0.249***	−0.032***	0.036***	−0.074***	1.000			
Tang	−0.217***	−0.061***	−0.013	−0.216***	−0.061***	0.086***	1.000		
Profit	0.112***	−0.012	−0.004	0.024***	−0.093***	0.035***	−0.037***	1.000	
Growth	0.054***	0.008	0.041***	−0.011***	0.005	0.048***	−0.151***	0.045***	1.000

注：*** 表示 1% 水平显著。

同时，各主要变量的相关系数的绝对值较小，最大值为财务柔性（*FF*）与公司规模（*Size*）之间的相关系数绝对值0.341，并未超过0.500，初步判定各变量之间的相关性较弱，模型不存在严重的多重共线性问题。相关性分析只能为变量之间的关系提供较为初步的推测，想要进一步深入地分析解释变量对被解释变量的影响，则需要进行更深层次的多元回归检验。

（三）回归结果分析

在上述分析的基础上，本节对模型（6－1）进行了多元回归分析，来检验所提出的假设是否正确。表6－4报告了模型的多元回归分析结果。

表6－4 模型（6－1）样本多元回归分析

变量	(1)	(2)	(3)	(4)	(5)	(6)
FF_{it-1}	0.697***	0.740***	0.827***	0.723***	0.792***	0.788***
	(23.520)	(5.380)	(37.960)	(4.270)	(44.080)	(4.500)
$Une \times Con \times FF_{it-1}$	0.104***	0.149***	0.039***	0.133***	0.089***	0.186***
	(2.750)	(2.670)	(3.480)	(3.400)	(3.350)	(3.490)
Une	-0.012*	0.050***	0.034	0.324**	0.015*	0.405**
	(-1.720)	(3.680)	(1.330)	(2.290)	(1.980)	(2.330)
$Une \times FF_{it-1}$	0.005	-0.223***	-0.035***	-0.050***	-0.063***	-0.272***
	(0.240)	(-6.400)	(-3.470)	(-3.660)	(-4.610)	(-3.570)
Con	-0.030	0.071*	0.032***	0.847***	0.027**	0.235***
	(-1.410)	(1.780)	(2.600)	(3.650)	(2.500)	(3.730)
$Con \times FF_{it-1}$	-0.163**	-0.532	-0.083*	-0.049***	-0.003	-0.098***
	(-2.320)	(-1.500)	(-1.740)	(-4.240)	(-0.080)	(-4.510)
$Une \times Con$	0.049***	-0.003	-0.063	-0.371*	-0.015	-0.070**
	(2.740)	(-0.100)	(-1.140)	(-1.880)	(-1.180)	(-2.210)
$Tang$	-0.032***	-0.344***	-0.028***	-0.274***	-0.028***	-0.261***
	(-4.470)	(-9.410)	(-3.970)	(-3.760)	(-4.170)	(-3.050)

续表

变量	(1)	(2)	(3)	(4)	(5)	(6)
Size	-0.016***	-0.084***	-0.010***	-0.045***	-0.011***	-0.057**
	(-15.500)	(-8.390)	(-10.990)	(-2.650)	(-10.840)	(-2.060)
Profit	0.172***	0.170***	0.017***	0.154**	0.019***	0.168***
	(17.590)	(8.410)	(8.790)	(2.510)	(9.480)	(2.950)
Growth	0.027***	0.032***	0.005**	0.041*	0.006**	0.051*
	(5.750)	(2.890)	(2.190)	(1.780)	(2.150)	(1.760)
常数项	0.397***	2.042***	0.258***	0.772*	0.256***	0.847**
	(15.000)	(8.940)	(10.970)	(1.830)	(10.970)	(2.240)
年份	控制	控制	控制	控制	控制	控制
行业	控制	控制	控制	控制	控制	控制
样本量	9500	9500	7705	7705	7705	7705
$Adj-R^2$	0.780		0.764		0.765	
Sargan 检验		16.599		12.124		11.833
		(0.120)		(0.147)		(0.128)
AR(1)		-9.826		-4.110		-4.466
		(0.000)		(0.000)		(0.000)
AR(2)		-0.411		0.368		0.323
		(0.681)		(0.112)		(0.746)

注：***、**、*分别表示在1%、5%、10%水平上显著，括号中报告了数据的 t 值和 z 值。

表6-4的（1）列和（2）列显示的是管理者过度自信与宏观环境不确定性综合影响的实证回归结果，其中（1）列是采用混合OLS回归的方法对模型（6-1）进行实证检验的结果。由于存在财务柔性（*FF*）的一阶滞后项，因此，反映模型整体回归效果的 $Adj-R^2$ 较大，为0.780。模型中的交叉项 $Une \times Con \times FF_{it-1}$ 的系数为0.104，在1%的水平上显著为正。（2）列是采用动态面板广义矩估计（GMM）的方法对模型（6-1）进行实证检验的结果。模型中的交叉项 $Une \times Con \times FF_{it-1}$ 的系数为0.149，在1%的水平上显著为正，与预期的符号方向一致，表明过度自信的管理

者会降低对宏观环境不确定性判断的准确性和敏感度，导致财务柔性的动态调整速度出现下降。财政政策和货币政策等宏观经济政策是国家进行宏观调控的主要方法和手段，是影响宏观经济不确定性的重要来源。由于宏观经济政策实施的目标是为了保障整个国民经济的正常运行，因此，在实施的过程中并不会直接作用于企业的生产经营，而是通过相应的传导机制指导企业的战略决策。这就导致宏观环境不确定性在一定程度上具有持续性和间接性，降低了企业管理者对宏观环境变化的关注度，从而加大了企业管理者对宏观经济环境进行准确判断的难度。相比于理性管理者，过度自信的管理者往往存在控制幻觉，认为外部环境的干扰因素基本处于自己可以控制的范围之内，不会对企业形成巨大的威胁，忽视了对风险的防范，其对宏观环境不确定性的重视程度会相对更低，从而降低了财务柔性的动态调整速度。另外，资产有形性（*Tang*）的回归系数为 -0.344，在1%的水平上显著为负，企业规模（*Size*）的回归系数为 -0.084，在1%的水平上显著为负，企业营利性（*Profit*）的回归系数为0.170，在1%的水平上显著为正，企业成长性（*Growth*）的回归系数为0.032，在1%的水平上显著为正，与预期结果一致，证明了变量选取的有效性。模型的 *Sargan* 检验结果为0.120，在10%的显著性水平上无法拒绝“所有工具变量均有效”的原假设，模型的 *AR*（1）和 *AR*（2）分别为0.000和0.681，说明模型存在一阶自相关，但不存在二阶自相关，工具变量的选取较为合理，可以采用GMM估计方法对模型进行回归分析。

表6-4的（3）列和（4）列显示的是管理者过度自信与行业环境不确定性综合影响的实证回归结果，其中（3）列是采用混合OLS回归的方法对模型（6-1）进行实证检验的结果。由于存在财务柔性（*FF*）的一阶滞后项，因此，反映模型整体回归效果的 $Adj-R^2$ 较大，为0.764。模型中的交叉项 $Une \times Con \times FF_{it-1}$ 的系数为0.039，在1%的水平上显著为正。（4）列是采用动态面板广义矩估计（GMM）的方法对模型（6-1）进行实证检验的结果。模型中的交叉项 $Une \times Con \times FF_{it-1}$ 的系数为0.133，在1%的水平上显著为正，与预期的符号方向一致，表明过度自信的管理

者会降低对行业环境不确定性判断的准确性和敏感度，导致财务柔性的动态调整速度出现下降。行业竞争状况、行业布局、行业壁垒以及行业发展前景等多方面因素会对企业所处的行业环境产生巨大的波动，进而影响企业的经营布局和市场定位。过度自信的管理者由于存在着严重的信息选择偏好，往往将关注的重点放在能够佐证自身判断的利好信息上，导致过度自信的管理者对于行业的发展情景持有盲目乐观的情绪，忽视了潜在的风险和危机，降低了财务柔性的动态调整速度。另外，资产有形性（*Tang*）的回归系数为 -0.274，在1%的水平上显著为负，企业规模（*Size*）的回归系数为 -0.045，在1%的水平上显著为负，企业营利性（*Profit*）的回归系数为0.154，在5%的水平上显著为正，企业成长性（*Growth*）的回归系数为0.041，在10%的水平上显著为正，与预期结果一致，证明了变量选取的有效性。模型的 *Sargan* 检验结果为0.147，在10%的显著性水平上无法拒绝“所有工具变量均有效”的原假设，模型的 *AR*（1）和 *AR*（2）分别为0.000和0.112，说明模型存在一阶自相关，但不存在二阶自相关，工具变量的选取较为合理，可以采用 GMM 估计方法对模型进行回归分析。

表6-4的（5）列和（6）列显示的是管理者过度自信与企业环境不确定性综合影响的实证回归结果，其中（5）列是采用混合 OLS 回归的方法对模型（6-1）进行实证检验的结果。由于存在财务柔性（*FF*）的一阶滞后项，因此，反映模型整体回归效果的 $Adj-R^2$ 较大，为0.765。模型中的交叉项 $Une \times Con \times FF_{it-1}$ 的系数为0.089，在1%的水平上显著为正。（6）列是采用动态面板广义矩估计（GMM）的方法对模型（6-1）进行实证检验的结果。模型中的交叉项 $Une \times Con \times FF_{it-1}$ 的系数为0.186，在1%的水平上显著为正，与预期的符号方向一致，表明过度自信的管理者会降低对企业环境不确定性判断的准确性和敏感度，导致财务柔性的动态调整速度出现下降。在组织规模扩大、业务模式转变以及技术创新等多方面因素的影响下，同一行业不同企业所面临的环境不确定性存在着巨大的差异，会给企业自身的生产经营带来巨大的冲击。相比于理性管理者，过度自信的管理者往往会高估自身的决策水平和管理能力，过高地估计了决

策成功的可能性，降低了对企业环境不确定性判断的准确度，降低了财务柔性的动态调整速度。另外，资产有形性（*Tang*）的回归系数为 -0.261，在 1% 的水平上显著为负，企业规模（*Size*）的回归系数为 -0.057，在 1% 的水平上显著为负，企业营利性（*Profit*）的回归系数为 0.168，在 1% 的水平上显著为正，企业成长性（*Growth*）的回归系数为0.051，在1%的水平上显著为正，与预期结果一致，证明了变量选取的有效性。模型的 *Sargan* 检验结果为 0.128，在 10% 的显著性水平上无法拒绝"所有工具变量均有效"的原假设，模型的 *AR*（1）和 *AR*（2）分别为 0.000 和 0.746，说明模型存在一阶自相关，但不存在二阶自相关，工具变量的选取较为合理，可以采用 GMM 估计方法对模型进行回归分析。

通过对多元回归结果的分析，证实了管理者过度自信会降低环境不确定性对企业财务柔性的动态调整影响的敏感度，假设 3 成立。相比于理性管理者，过度自信的企业管理者往往会高估自己的管理和决策水平，将决策成功的关键归功于自身的能力和素质，认为外部环境的干扰因素基本处于自己可以控制的范围之内，不会对企业形成巨大的威胁，导致企业的管理者忽视对风险的防范，降低了其对环境不确定性的重视程度，使得企业管理者对财务柔性调整的动力不足。另外，过度自信的管理者往往存在着更为严重的信息选择偏好，出于对负面因素以及决策失误的抵触心理和后悔厌恶，过度自信的管理者往往将关注的重点放在能够佐证决策有效的利好信息上，并将这种信息贯穿决策的整个过程之中，导致企业的管理者对决策的结果持有盲目乐观的情绪，过高地估计了决策成功的可能性，使得环境不确定性的相关信息被人为地忽视，降低了企业对财务柔性动态调整的动力。

四、稳健性检验

本章通过对模型的回归分析证实了研究假设，为了保证实证结果的稳健性，本节通过管理者过度自信变量替换检验以及财务柔性阈值检验等实证方法对实证回归结果进行了稳健性检验。

（一）管理者过度自信变量替换检验

管理者过度自信由于是一种心理特征因素，因此在实证上很难被直接度量。现有文献在管理者过度自信的度量方法上也没有形成统一的，具有权威性的结论。为了保证实证结果的稳健性，在稳健性检验中对管理者过度自信的代理变量进行了替换，采用郝颖（2005）的研究方法，并结合我国资本市场的实际情况，将三年内持股数量增加的管理者定义为过度自信，赋值为1，反之则赋值为0。表6－5报告了稳健性检验的回归结果。

表6－5　管理者过度自信变量替换检验

变量	(1)	(2)	(3)	(4)	(5)	(6)
FF_{it-1}	0.744***	0.743***	0.792***	0.881***	0.837***	0.921***
	(32.060)	(5.000)	(67.130)	(7.300)	(95.950)	(8.830)
$Une \times Con \times FF_{it-1}$	0.147*	0.548**	0.132**	0.213**	0.167**	0.191**
	(1.850)	(2.190)	(2.270)	(2.080)	(2.590)	(2.270)
Une	−0.029	−0.192***	−0.011	0.731***	0.414***	0.298***
	(−1.080)	(−6.650)	(−0.520)	(5.870)	(3.520)	(6.120)
$Une \times FF_{it-1}$	−0.091*	−0.864*	0.036	−0.009***	−0.211***	−0.774***
	(−1.950)	(−1.830)	(0.350)	(−6.350)	(−3.630)	(−6.610)

续表

变量	(1)	(2)	(3)	(4)	(5)	(6)
Con	-0.008 (0.700)	0.033* (1.830)	0.008 (0.130)	0.535*** (3.730)	0.002 (0.580)	0.044*** (5.530)
$Con \times FF_{it-1}$	-0.018 (-0.470)	-0.446** (-2.390)	-0.075** (-2.080)	-0.418*** (-3.680)	-0.077*** (-4.340)	-0.381*** (-7.060)
Une × *Con*	0.023 (1.370)	-0.039 (0.770)	0.008 (0.140)	-0.243 (-1.590)	0.015 (0.230)	0.128 (0.840)
Tang	-0.042*** (-5.630)	-0.345*** (-7.570)	-0.027*** (-3.430)	-0.318*** (-5.970)	-0.032*** (-4.140)	-0.284*** (-5.020)
Size	-0.013*** (-12.300)	-0.113*** (-10.620)	-0.013*** (-12.640)	-0.073*** (-6.350)	-0.010*** (-9.900)	-0.081*** (-6.110)
Profit	0.161*** (6.030)	0.159*** (7.490)	0.147*** (4.100)	0.119*** (4.280)	0.148*** (4.250)	0.130*** (5.260)
Growth	0.023*** (4.500)	0.028*** (2.700)	0.004 (0.820)	0.046*** (2.740)	0.005 (0.900)	0.075 (3.680)
常数项	0.348*** (13.480)	2.790*** (11.620)	0.336*** (13.810)	1.747*** (6.530)	0.319*** (12.950)	1.868*** (6.210)
年份	控制	控制	控制	控制	控制	控制
行业	控制	控制	控制	控制	控制	控制
样本量	9500	9500	7705	7705	7705	7705
调整 *R* 方	0.790		0.783		0.768	
Sargan 检验		19.466 (0.057)		14.484 (0.082)		14.880 (0.087)
AR（1）		-5.913 (0.000)		-5.651 (0.000)		-6.735 (0.000)
AR（2）		0.459 (0.230)		0.579 (0.562)		-0.189 (0.579)

注：***、**、*分别表示在1%、5%、10%水平上显著，括号中报告了数据的 *t* 值和 *z* 值。

由表6-5的回归结果可知，在重新度量了管理者过度自信之后，（1）

列和（2）列显示的是管理者过度自信与宏观环境不确定性的综合影响。模型中的交叉项 $Une \times Con \times FF_{it-1}$ 的系数分别为 0.147 和 0.548，分别在 10% 和 5% 的水平上显著为正。（3）列和（4）列显示的是管理者过度自信与行业环境不确定性的综合影响。模型中的交叉项 $Une \times Con \times FF_{it-1}$ 的系数分别为 0.132 和 0.213，在 5% 的水平上显著为正。（5）列和（6）列显示的是管理者过度自信与企业个体环境不确定性的综合影响。模型中的交叉项 $Une \times Con \times FF_{it-1}$ 的系数分别为 0.167 和 0.191，在 5% 的水平上显著为正。稳健性检验的结果进一步证明了假设，管理者过度自信会降低环境不确定性对企业财务柔性动态调整速度的敏感性。

（二）财务柔性阈值检验

基准的确定一直是财务柔性度量的一个难点问题，现有文献在财务柔性基准的选择问题上并没有形成统一的结论。行业均值法虽然具有一定的理论说服力和借鉴意义，但是其并不是财务柔性基准选择的唯一标准，缺乏权威性。为了降低这一问题给实证结果带来的偏差，借鉴 Marchica 和 Mura（2010）去除随机误差的方法，将行业现金持有水平的均值调高 10%，将行业财务杠杆水平的均值调低 10%，通过修正过的财务柔性基准值，重新计算企业财务柔性的储备水平，并以此作为解释变量进行稳健性检验。表 6－6 报告了稳健性检验的回归结果。

表 6－6　财务柔性阈值检验

变量	（1）	（2）	（3）	（4）	（5）	（6）
FF_{it-1}	0.776***	0.722***	0.836***	0.732***	0.794***	0.771***
	(28.810)	(6.210)	(37.820)	(5.770)	(44.350)	(5.950)
$Une \times Con \times FF_{it-1}$	0.041*	0.306*	0.075***	0.170***	0.101***	0.239*
	(1.850)	(1.860)	(4.010)	(3.460)	(3.670)	(1.940)
Une	－0.001	0.048***	0.051*	0.970***	0.017**	0.070*
	(－0.220)	(3.150)	(1.800)	(3.140)	(2.020)	(1.710)

续表

变量	(1)	(2)	(3)	(4)	(5)	(6)
$Une \times FF_{it-1}$	-0.056***	-0.411***	-0.517***	-0.967***	-0.069***	-0.339**
	(-2.670)	(-5.930)	(-4.030)	(-3.570)	(-4.980)	(-2.180)
Con	0.005	0.073*	0.034**	0.406***	0.027**	0.155***
	(0.250)	(1.760)	(2.550)	(4.240)	(2.340)	(4.220)
$Con \times FF_{it-1}$	-0.034	-0.446**	-0.081	-0.137***	-0.014	-0.570***
	(-0.530)	(-2.390)	(-1.650)	(-5.720)	(-0.360)	(-5.940)
$Une \times Con$	0.023	0.008	-0.085	-0.191***	-0.018	-0.119*
	(1.370)	(0.220)	(-1.430)	(-3.190)	(-1.290)	(-1.780)
$Tang$	-0.043***	-0.378***	-0.030***	-0.283***	-0.031***	-0.281***
	(-5.750)	(-9.490)	(-3.970)	(-3.050)	(-4.310)	(-3.170)
$Size$	-0.013***	-0.082***	-0.011***	-0.020	-0.016***	-0.026
	(-12.770)	(-8.020)	(-11.430)	(-0.710)	(-11.260)	(-0.880)
$Profit$	0.021***	0.310***	0.019***	0.028*	0.020***	0.038***
	(9.430)	(3.730)	(9.100)	(1.910)	(9.750)	(2.610)
$Growth$	0.022***	0.024**	0.003	-0.006	0.003	0.007
	(7.430)	(2.560)	(1.230)	(-0.780)	(1.170)	(0.380)
常数项	0.336***	2.025***	0.286***	1.032**	0.285***	2.206**
	(12.430)	(8.760)	(11.450)	(2.050)	(11.500)	(2.280)
年份	控制	控制	控制	控制	控制	控制
行业	控制	控制	控制	控制	控制	控制
样本量	9500	9500	7705	7705	7705	7705
调整 R 方	0.781		0.774		0.775	
Sargan 检验		16.466		14.484		11.635
		(0.057)		(0.082)		(0.143)
AR（1）		-10.080		-5.651		-6.127
		(0.000)		(0.000)		(0.000)
AR（2）		0.661		0.579		-0.799
		(0.508)		(0.562)		(0.424)

注：***、**、*分别表示在1%、5%、10%水平上显著，括号中报告了数据的 t 值和 z 值。

由表6－6的回归结果可知，在重新度量了财务柔性之后，（1）列和（2）列显示的是管理者过度自信与宏观环境不确定性的交叉影响。模型中的交叉项 $Une \times Con \times FF_{it-1}$ 的系数分别为0.041和0.306，在10%的水平上显著为正。（3）列和（4）列显示的是管理者过度自信与行业环境不确定性的交叉影响。模型中的交叉项 $Une \times Con \times FF_{it-1}$ 的系数分别为0.075和0.170，在1%的水平上显著为正。（5）列和（6）列显示的是管理者过度自信与企业个体环境不确定性的交叉影响。模型中的交叉项 $Une \times Con \times FF_{it-1}$ 的系数分别为0.101和0.239，在1%和10%的水平上显著为正。稳健性检验的结果进一步证明了假设，管理者过度自信会降低环境不确定性对企业财务柔性动态调整速度的敏感性。

五、本章小结

本章重点研究管理者过度自信和环境不确定性对财务柔性调整速度的综合影响。以我国沪深两市A股上市公司作为研究样本，将实证的研究窗口设置在2011～2015年，运用Byoun（2008）以及Cook和Tang（2010）的研究方法，构建财务柔性部分调整模型，引入环境不确定性与管理者过度自信的交叉变量，对研究假设进行了实证检验。

实证结果表明，管理者过度自信会降低环境不确定性对财务柔性动态调整速度的敏感性。过度自信的管理者不同于理性的管理者，一方面，会对自身的能力和水平存在高估的倾向，认为企业的发展大多处于自己的控制之中，低估了风险发生的可能性，对外部环境波动的敏感性也相对较低。另一方面，过度自信的企业管理者对决策的结果持有盲目乐观的情绪，过高地估计了决策成功的可能性，使得环境不确定性的相关信息被人为地忽视，导致企业的管理者在对环境不确定性的判断和理解上出现偏差，降低了企业财务柔性动态调整的速度。

为了保证实证研究结果的有效性，对相关研究结论进行了稳健性检验。通过管理者过度自信变量替代的方法，对模型进行了重新的回归，研究结论与之前一致。由于财务柔性的度量方法在理论界并没有形成统一的标准，这可能会给实证研究带来数据上的偏差，因此对企业的财务柔性进行了重新的度量，通过财务柔性阈值检验，对模型进行了稳健性回归，稳健性检验的回归结果再一次支持了假设。

第七章　研究结论与政策建议

本章主要是从整体上对研究内容进行全面的归纳和总结，并在此基础上对我国上市公司的财务柔性储备问题提出了具有针对性的政策和建议。还针对研究的不足之处，对相关问题的后续研究做出了进一步的展望。

一、研究结论

本书以财务柔性动态调整为研究的重点，并将外部环境不确定性和企业内部管理者过度自信的心理特征因素纳入财务柔性动态调整的研究框架之中，通过理论分析和实证检验相结合的研究方法，系统论证了环境不确定性和管理者过度自信对财务柔性动态调整速度的影响。

首先，对相关领域的研究文献进行了总结和梳理，综述了环境不确定性与财务柔性的关系、管理者过度自信与财务柔性的关系以及财务柔性动态调整的相关研究成果，并根据研究思路，对环境不确定性、管理者过度自信与财务柔性动态调整三者之间的影响关系进行了较为深入的分析和整理。其次，以动态权衡理论为核心，同时融入委托代理理论、财务权变理论以及过度自信理论，构建较为详细和系统的财务柔性动态调整研究的理论框架，全面分析了环境不确定性与管理者过度自信对财务柔性动态调整的影响机理。最后，以 2011 ~2015 年为研究窗口，通过我国沪深两市 A 股上市公司的样本数据，实证检验了环境不确定性、管理者过度自信对财务柔性动态调整速度的影响。通过研究，得到以下几个主要的研究结论。

（一）企业存在目标财务柔性，企业的财务柔性储备会向目标方向进行调整

通过构建财务柔性均值回归模型对目标财务柔性的存在性以及企业财务柔性储备的调整行为进行实证检验。研究结果表明，企业存在目标财务柔性，企业的财务柔性储备会向目标方向进行调整。财务柔性具有缓冲效应，当企业遇到外部环境因素的不利冲击时，预先储备的财务柔性可以帮助企业实现资本结构的及时调整以及财务资源的合理分配，使企业平稳渡过危机。而当企业发现潜在的有利投资机会时，财务柔性同样可以帮助企业迅速筹措资金，抓住有利机遇，实现企业的高速稳定增长，最大限度地提升企业的价值。但是在代理冲突影响下，过高的财务柔性储备容易诱发企业管理者的自利行为，管理者的机会主义和利己主义行为会导致财务柔性出现被滥用的可能，损害财务柔性对企业价值的提升。因此，企业的财务柔性储备应当在储备收益与储备成本之间进行权衡，企业存在目标财务柔性，应当树立适度储备财务柔性的观念。同时，当企业的财务柔性储备水平发生变化，偏离了其目标水平时，企业在之后的经营期间内，会对财务柔性储备进行主动的调整，使其重新回到目标财务柔性水平的区间范围内。

（二）环境不确定性会加快财务柔性的动态调整速度

运用构建的财务柔性部分调整模型，从宏观环境不确定性、行业环境不确定性以及企业个体环境不确定性三个层次，实证检验了环境不确定性对财务柔性动态调整的影响。实证结果表明，无论是宏观、行业还是企业层面的环境不确定性均会加快企业财务柔性的动态调整速度。在经济全球化的今天，不确定性已经成为企业经营环境的一项重要特征。环境不确定性是企业进行财务柔性储备的前提，同时也是企业进行财务柔性调整的主

要动因。理论分析和实证检验均表明企业会主动适应环境的变化，并根据环境的波动做出及时的调整。当外部的资本市场环境出现较大规模的波动时，企业原有的财务柔性水平会逐渐偏离其目标财务柔性水平，这种偏离导致企业的财务柔性储备无法有效满足企业对财务资源的内在需求，无法为企业的平稳运营提供足够的保障。因此，当环境不确定性加剧时，企业会重新审视自身的财务管理策略，提高财务柔性的动态调整速度，使其能够及时回到目标财务柔性水平的区间范围内。

（三）管理者过度自信会降低环境不确定性对财务柔性动态调整速度的敏感性

将管理者过度自信变量纳入财务柔性部分调整模型之中，通过对环境不确定性与管理者过度自信交叉项系数的分析，实证检验了环境不确定性与管理者过度自信相互作用对财务柔性动态调整产生的综合影响。实证结果表明，管理者过度自信会降低环境不确定性对财务柔性动态调整速度的敏感性。过度自信作为管理者自身存在的一种心理偏差，导致其在决策的过程中过分高估自身的能力，低估可能存在的风险和困境，降低了企业对环境不确定的重视程度，对于外部环境波动的估计和预测也会失去相对的客观性和准确性，导致管理者对企业的经营和发展持有盲目乐观的态度和情绪，降低了环境不确定性对财务柔性动态调整速度的敏感性。

二、政策建议

（一）提高对财务柔性储备的重视程度

在经济全球化不断加深的今天，环境不确定性已经成为企业在生产经营过程中需要面对的一种常态问题，而财务柔性能够给企业带来的积极作用也逐渐被认可和显现出来。因此，无论是理论界还是实务界都应当提高对财务柔性储备的重视程度。从理论的角度来说，应当不断丰富财务柔性的研究范畴，深入挖掘财务柔性的内在机理，拓展财务柔性的研究方向，多角度、全方位地对财务柔性相关问题进行整合和梳理，使其形成科学有效、完整统一的研究框架，为财务柔性的实际应用提供强有力的理论支撑和系统的理论参考。从实务界的角度来说，储备财务柔性作为企业财务管理以及资本结构调整的一种方式和手段，企业既是这种方式的实施者同时也是直接受益者。应当提高对财务柔性储备的重视程度，特别是在经营环境变化莫测的今天，企业面对着很多不确定的风险和机遇，应当为自身的发展提供足够的调整余地和保障。当突发性的风险来临时，企业有足够的财务资源帮助其渡过难关，而当偶然的机遇来临时，企业也能够保持足够的竞争力抓住稍纵即逝的投资机会。因此，提高财务柔性的重视程度对企业的发展具有长远和深刻的实际意义。

（二）树立财务柔性的适度储备观念

财务柔性对于提升企业价值的积极作用虽然被不断地肯定和认可，但是，财务柔性的储备也并非是越多越好。代理问题的存在导致过多的财务柔性储备很有可能侵蚀之前的价值收益，影响企业价值的提升。企业应当树立财务柔性的适度储备观念。适度的财务柔性储备能够最大限度地发挥出财务柔性的积极作用，保证企业价值的最大化。同时还可以有效防止企业管理者出于自身利益的考虑而滥用财务柔性储备。从宏观层面上看，适度的财务柔性可以有效地应对非预期的市场环境变化和波动，特别是在我国资本市场的发展尚不完善的条件下，企业普遍面临着融资约束的困扰，一旦面临风险和困境，企业很难及时地从外部市场获取充足的资金来扭转局面，此时，财务柔性作为企业预期储备的内部资源就可以有效发挥其作用，帮助企业渡过难关。从微观层面上看，适度的财务柔性可以有效地防止企业管理者出于个人利益的需要而产生过度投资的行为，在一定程度上提高了企业的投资效率。

（三）建立科学有效的公司治理机制

代理问题是导致财务柔性损害企业价值的一个关键因素，而优化和完善公司的治理机制是解决这一问题的一种有效途径和方法。对于那些治理机制不健全的企业来说，财务柔性很有可能会因为管理者的私欲而遭到不正当的使用，很难有效地发挥出财务柔性的积极作用。企业应当完善对管理者的监督机制，对其行为进行有效的管理和约束。可以提高信息的披露程度和透明度，降低企业内外部信息的不对称性，加强外部投资者对企业管理者行为的监管力度。同时，提高企业内部监管机构的地位，使其能够真正地发挥出应有的作用和效果。通过制定合理的监督程序和实施细则来有效约束管理者的行为，防止其出现机会主义和利己主义行为导致储备的财务柔性遭到滥用。另外，应当丰富对企业管理者的激励方式。高额的薪酬作为企业较为传统的激励方式虽然能够激发管理者的工作热情和动力，在一定程度上缓解财务柔性因为企业管理者的自利行为而遭到滥用的问题，但与此同时，过高的薪酬会模糊企业管理者的心理认知，使其过高地估计自身的能力，强化过度自信的心理偏差。因此，企业除了薪酬激励之外，应当丰富对企业管理者的激励方式，如采用股权激励作为辅助手段，既可以帮助管理者实现与企业股东之间的目标利益一致，同时还可以降低管理者过度自信的心理偏差，提高了财务柔性的使用效率。

（四）加强管理者的自我学习

过度自信的心理偏差虽然很难被根本消除，但是企业管理者可以通过不断的自我学习来定位和调节自身的心理认知，使其在决策过程中能够做出更为理性的判断。完善企业的治理机制，提高对企业管理者的监督和约束是从外部被动地调节管理者的行为，而更为积极和有效的调整是通过管理者的自我学习，认清自身存在的心理偏差，结合外部环境反馈回来的相关信息，审视自身是否存在着过度自信的心理情绪，并采取有效的措施进行及时的纠正。加强管理者自我学习的方式有很多种，如进行逆向思维的训练，引入专家咨询模式，建立科学规范的分析方法以及加强管理者彼此之间的交流和沟通等。逆向思维可以帮助管理者从决策结果入手反推决策过程，从中找到管理者在决策过程中出现的不合理的行为特征，并对其进行深入的反思和分析，避免在之后的决策过程中重复出现类似的问题和错误。专家咨询和科学规范的分析方法能够有效降低企业管理者自身的心理偏差对决策的影响，通过引入外部专家的建议，使决策具备更强的专业指导性。科学规范的分析方法能够帮助管理者对企业的经营状况进行更为深入和客观的分析，最大限度地避免心理因素对决策过程的干扰。加强企业管理者之间的沟通和交流，通过彼此之间的信息反馈，对自身的心理印象有一个更明确的定位，不但可以及时了解到自身是否出现了过度自信的倾向，同时还可以通过交流和沟通弱化整个管理层的心理偏差。

三、研究局限和展望

本书以财务柔性的动态调整为核心，研究了企业外部环境不确定性因素与企业内部管理者过度自信因素对财务柔性动态调整的影响。无论是理论框架的构建还是模型数据的实证检验，本书都力求做到尽可能的严谨和准确，最大限度地排除相关干扰因素给研究结果带来的偏误，希望能够全面地分析企业财务柔性的动态调整行为。但是，以动态的视角来研究财务柔性问题尚处于一个初步探索的阶段，相关的研究成果和参考文献还较为缺乏，再加上个人的学术能力和研究水平相对有限以及受到客观条件的制约，研究还存在以下不足之处。

（一）财务柔性的度量方法

借鉴曾爱民（2011）的研究方法，将现金柔性与负债柔性之和定义为企业的财务柔性。这种多指标结合法从企业财务柔性储备的构成角度出发，对财务柔性进行了综合的测度，具备一定的科学性和可理解性。但是，这种方法在指标的选取上还略显单一，并未对财务柔性的影响因素进行全面的考量，在财务柔性的测度上还存在着一些不足之处。财务柔性是一个受到多方面因素影响，由现金柔性、负债柔性以及权益柔性三方面组成的一项综合性财务管理指标，因此，在度量方法的选择和构成上应当体现出财务柔性储备的综合性和系统性。希望在之后的研究中，通过对财务柔性的构成及影响因素的深入分析，找寻能够全面反映企业财务柔性储备的指标和变量，构建财务柔性的综合指标度量法，选择更为系统和有效的指标，对企业的财务柔性储备进行更为准确的度量。

（二）目标财务柔性水平的确定

借鉴 Fama 和 French（2002）以及 Gamba 和 Triantis（2008）的研究成果，选取企业内部特征因素，运用拟合值法来估计企业的目标财务柔性水平。采用这种模型估计方法的一个重要先决条件就是要尽可能地保证变量选取的有效性和合理性。虽然对变量的选取在理论上做了尽可能详细的阐释和说明，并采用混合回归模型和固定效应回归模型对变量的有效性进行了实证检验。但是，由于国内外文献在财务柔性影响因素方面的实证研究仍然处于探索阶段，很难为研究提供有效的横向比较和参考。所以，在度量目标财务柔性的变量选择上，还需要进行更深层次的研究和探索。希望在之后的研究中，对影响目标财务柔性的企业内外部因素开展针对性的研究，从理论分析和实证检验两方面筛选出能够更为准确和有效地反映企业目标财务柔性的指标和变量，构建出一个可以更为系统地度量目标财务柔性的拟合估计模型。

（三）财务柔性的结构调整

主要考察的是财务柔性的动态调整问题，关注的重点集中在财务柔性的动态调整速度上。根据 DeAngelo 和 DeAngelo（2007）的研究结论，财务柔性是由现金柔性、负债柔性以及权益柔性三部分共同组成的。随着我国市场化进程的速度不断加快，我国上市公司股权再融资的约束条件会不断放开，权益柔性将会逐步成为我国企业财务柔性储备的一项重要组成部分。当企业决定进行财务柔性储备的动态调整时，是选择增加现金的持有量还是降低企业的负债比率，提高其自身的剩余举债能力，抑或是采用股权再融资的方式提高其权益柔性？企业财务柔性储备在结构上的调整，将会成为动态视角下研究财务柔性问题的一个新的拓展方向。希望在之后的研究中，对影响企业财务柔性调整方式的因素进行深入的探索，对企业财务柔性动态调整的结构性差异进行更为全面的对比和分析，为企业财务柔性储备的动态调整决策提供更为有力的数据支持。

参考文献

［1］陈红兵，连玉君．财务弹性对企业投资水平和投资效率的影响［J］．经济管理，2013（10）：109－118.

［2］邓康林，刘名旭．环境不确定性、财务柔性与上市公司现金股利［J］．财经科学，2013（2）：46－55.

［3］董理，茅宁．财务弹性问题前沿研究述评与未来展望［J］．外国经济与管理，2013（4）：71－80.

［4］董理，茅宁．公司成熟度、剩余负债能力与现金股利政策——基于财务柔性视角的实证研究［J］．财经研究，2013（11）：59－68.

［5］邓康林，刘名旭．环境不确定性、财务柔性与上市公司现金股利［J］．财经科学，2013（2）：46－55.

［6］房林林，魏巍．管理者过度自信与资本结构动态调整——速度与路径视角的实证研究［J］．财会月刊，2015（17）：23－28.

［7］葛家澍，占美松．企业财务报告分析必须着重关注的几个财务信息——流动性、财务适应性、预期现金净流入、盈利能力和市场风险［J］．会计研究，2008（5）：3－9.

［8］顾乃康，万小勇，陈辉．财务弹性与企业投资的关系研究［J］．管理评论，2011（6）：115－121.

［9］郝颖，刘星，林朝南．我国上市公司高管人员过度自信与投资决策的实证研究［J］．中国管理科学，2005（5）：142－148.

［10］黄永华．金融危机、财务弹性与企业资本结构调整——来自中

国上市公司的证据［J］．中央财经大学学报，2014（8）：53－59.

［11］黄志忠，谢军．宏观货币政策、区域金融发展和企业融资约束——货币政策传导机制的微观证据［J］．会计研究，2013（1）：63－69，96.

［12］韩鹏．基于财务弹性指数的最佳现金持有量测度［J］．财会月刊，2010（15）：57－58.

［13］韩鹏．财务弹性、财务杠杆与公司价值——来自中小企业板的经验证据［J］．理论月刊，2010（4）：157－160.

［14］韩立岩，刘博研．公司治理、不确定性与现金价值［J］．经济学季刊，2011（2）：523－550.

［15］姜英兵．上市公司财务灵活性分析［J］．经济管理，2004（10）：62－68.

［16］姜付秀，张敏，陆正飞．管理者过度自信、企业扩张与财务困境［J］．经济研究，2009（1）：131－143.

［17］姜付秀，张敏，陆正飞．管理者过度自信、企业扩张与财务困境［J］．经济研究，2009（1）：131－143.

［18］姜付秀，卢二坡．资本结构与产品市场竞争强度［J］．经济研究，2003（7）：60－67.

［19］姜付秀，黄继承．市场化进程与资本结构动态调整［J］．管理世界，2011（3）：124－134.

［20］江伟，黎文靖．董事会独立性、管理者过度自信与资本结构决策［J］．山西财经大学学报，2009（9）：64－70.

［21］李大元，项保华，陈应龙．企业动态能力及其功效：环境不确定性的影响［J］．南开管理评论，2009（6）：60－68.

［22］李悦，熊德，华张峥．中国上市公司如何选择融资渠道——基于问卷调查的研究［J］．金融研究，2008（8）：86－104.

［23］廖理，肖作平．公司治理影响公司现金持有量吗——来自中国上市公司的经验证据［J］．中国工业经济，2009（6）：98－107.

［24］刘博研，韩立岩．公司治理、不确定性与流动性管理［J］．世界经济，2010（2）：141－160.

［25］刘名旭，向显湖．环境不确定性、企业特征与财务柔性［J］．宏观经济研究，2014（4）：127－134.

［26］陆正飞，韩非池．宏观经济政策如何影响公司现金持有的经济效应？——基于产品市场和资本市场两重角度的研究［J］．管理世界，2013（6）：43－60.

［27］连玉君，钟经樊．中国上市公司资本结构动态调整机制研究［J］．南方经济，2007（1）：23－38.

［28］连玉君，常亮，苏治．供需不确定性、市场竞争与现金持有——来自中国上市公司的经验证据［J］．南方经济，2009（1）：11－22.

［29］林钟高，郑军，卜继栓．环境不确定性、多元化经营与资本成本［J］．会计研究，2015（2）：36－43.

［30］马春爱，韩新华．基于不同生命周期的财务弹性与投资效率关系［J］．系统工程，2014（9）：35－41.

［31］马春爱，安慧慧．财务弹性影响因素的宏微观分析［J］．财会月刊，2013（16）：104－106.

［32］马春爱，张亚芳．财务弹性与公司价值的关系［J］．系统工程，2013（11）：35－39.

［33］马春爱．中国上市公司的非效率投资研究：一个财务弹性的视角［J］．财贸研究，2011（2）：144－148.

［34］马春爱．中国上市公司资本结构调整行为研究：一个财务弹性的视角［J］．财经论丛，2009（6）：80－85.

［35］闵亮，沈悦．宏观冲击下的资本结构动态调整——基于融资约束的差异性分析［J］．中国工业经济，2011（5）：109－118.

［36］屈耀辉，姜付秀，陈朝晖．资本结构决策具有战略效应吗？［J］．管理世界，2007（2）：69－75.

［37］苏冬蔚，曾海舰．宏观经济因素、企业家信心与公司融资选择

[J]. 金融研究, 2011 (4): 129-142.

[38] 宋献中, 吴一能, 宁吉安. 货币政策、企业成长性与资本结构动态调整 [J]. 国际金融研究, 2014 (11): 46-55.

[39] 申毅. 管理者过度自信与资本结构动态调整 [J]. 上海经济研究, 2013 (10): 35-48.

[40] 申慧慧, 于鹏, 吴联生. 国有股权、环境不确定性与投资效率 [J]. 经济研究, 2012 (7): 113-126.

[41] 田旻昊, 叶霖. 财务柔性影响企业非效率投资的路径研究[J]. 财经论丛, 2015 (3): 57-65.

[42] 王满, 田旻昊. 上市公司财务柔性与股利分配政策研究——基于我国半强制分红的制度背景 [J]. 财经问题研究, 2014 (6): 44-50.

[43] 王满, 许诺, 于浩洋. 环境不确定性、财务柔性与企业价值 [J]. 财经问题研究, 2015 (6): 130-137.

[44] 王霞, 张敏, 于富生. 管理者过度自信与企业投资行为异化——来自我国证券市场的经验证据 [J]. 南开管理评论, 2008 (2): 77-83.

[45] 王益谊, 席酉民, 毕鹏程. 组织环境的不确定性研究综述[J]. 管理工程学报, 2005 (1): 46-50.

[46] 王欣, 王磊. 基于财务权变理论的资本结构调整问题研究——对J集团的案例分析 [J]. 会计研究, 2012 (10): 65-70.

[47] 万良勇, 饶静. 不确定性、金融危机冲击与现金持有价值——基于中国上市公司的实证研究 [J]. 经济与管理研究, 2013 (5): 63-71.

[48] 汪浩翰. 不确定性理论与现代宏观经济学的演进 [J]. 经济评论, 2003 (1): 80-85.

[49] 汪昌云. 金融经济学 [M]. 北京: 中国人民大学出版社, 2006.

[50] 汪应洛, 李垣, 刘益. 企业柔性战略——跨世纪战略管理研究与实践的前沿 [J]. 管理科学学报, 1998 (1): 22-25.

［51］王志强，洪艺珣．中国上市公司资本结构的长期动态调整［J］．会计研究，2009（6）：50－57.

［52］肖作平，吴世农．我国上市公司资本结构影响因素实证研究［J］．证券市场导报，2002（8）：39－44.

［53］辛宇，徐莉萍．公司治理机制与超额现金持有水平［J］．管理世界，2006（5）：136－141.

［54］杨兴全，张照南．制度背景、股权性质与公司持有现金价值［J］．经济研究，2010（12）：111－123.

［55］杨兴全，孙杰．行业特征、产品市场竞争程度与上市公司现金持有量关系研究［J］．审计与经济研究，2007（6）：99－103.

［56］杨兴全，孙杰．企业现金持有量影响因素的实证研究——来自我国上市公司的经验证据［J］．南开管理评论，2007（6）：47－54.

［57］于晓红，卢相君．基于行业环境条件下的上市公司创新战略与资本结构［J］．经济管理，2012（2）：50－56.

［58］杨瑞龙，聂辉华．不完全契约理论：一个综述［J］．经济研究，2006（2）：104－115.

［59］余明桂，夏新平，邹振松．管理者过度自信与企业激进负债行为［J］．管理世界，2006（8）：104－112.

［60］杨智，邓炼金，方二．市场导向、战略柔性与企业绩效：环境不确定性的调节效应［J］．中国软科学，2010（9）：130－139.

［61］曾爱民，魏志华．融资约束、财务柔性与企业投资—现金流敏感性——理论分析及来自中国上市公司的经验证据［J］．财经研究，2013（11）：48－58.

［62］曾爱民，张纯，魏志华．金融危机冲击、财务柔性储备与企业投资行为——来自中国上市公司的经验证据［J］．管理世界，2013（4）：107－120.

［63］曾爱民，傅元略，魏志华．金融危机冲击、财务柔性储备和企业融资行为——来自中国上市公司的经验证据［J］．金融研究，2011

(10): 155 - 169.

[64] 赵华，张鼎祖．企业财务柔性的本原属性研究［J］．会计研究，2010（6）：62 - 69，96.

[65] 赵蒲，孙爱英．财务保守行为：基于中国上市公司的实证研究［J］．管理世界，2004（11）：109 - 118，156.

[66] 赵蒲，孙爱英．产业竞争、非理性行为、公司治理与最优资本结构——现代资本结构理论发展趋势及理论前沿综述［J］．经济研究，2003（6）：81 - 89.

[67] 赵湘莲，韩玉启．高新技术企业财务管理柔性研究［J］．中国管理科学，2004（4）：75 - 80.

[68] 祝继高，陆正飞．货币政策、企业成长与现金持有水平变化［J］．管理世界，2009（3）：152 - 158.

[69] Almeida H, Campello M, Weisbach M S. 2004. The cash flow sensitivity of cash. The Journal of Finance, 59 (4), 1777 - 1804.

[70] Andrade G, Kaplan S N. 1998. How costly is financial (not economic) distress? Evidence from highly leveraged transactions that became distressed. Journal of Finance, 53, 1443 - 1493.

[71] Antoniou A, Paudyal K. 2008. The determinants of capital structure: Capital market - oriented versus bank - oriented institutions. Journal of Financial & Quantitative Analysis, 43 (1), 59 - 92.

[72] Arslan O, Florackis C, Ozkan A. 2008. How and why do firms establish financial flexibility. Working Paper of Hacettepe University, 1 (1), 1 - 43.

[73] Arslan - Ayaydin, Florackis C, Ozkan A. 2014. Financial flexibility, corporate investment and performance, evidence from financial crises. Review of Quantitative Finance and Accounting, 42 (2), 211 - 250.

[74] Altman E I. 1984. The success of business failure prediction models: An international survey. Journal of Banking & Finance, 8 (2), 171 - 198.

[75] Ang J, Smedema A. 2011. Financial flexibility: Do firms prepare for

recession? Journal of Corporate Finance, 17 (3), 774 -787.

[76] Akhtar S. 2012. Capital structure and business cycles. Accounting & Finance, (52), 25 -48.

[77] Baker M, Wurgler J. 2000. Market timing and capital structure. Journal of Finance, 57 (1), 1 -32.

[78] Bates T W, Kahle K M, Stulz R M. 2009. Why do US firms hold so much more cash than they used to? Journal of Finance, 64 (5), 1985 -2021.

[79] Barclay M J, Smith C W. 1995. The maturity structure of corporate debt. Journal of Finance, 50 (2), 609 -631.

[80] Benartzi S, Thaler R H. 1995. Myopic loss aversion and the equity premium puzzle. Quarterly Journal of Economics, 110 (1), 73 -92.

[81] Baum C F, Caglayan M, Ozkan N, Talavera O. 2006. The impact of macroeconomic uncertainty on non -financial firms' demand for liquidity. Review of Financial Economics, 15 (4), 289 -304.

[82] Baum C F, Schefer D, Talavera O. 2011. The impact of the financial system's structure on firms' financial constraints. Journal of International Money and Finance, 30 (4), 678 -691.

[83] Brockman P, Unlu E. 2009. Dividend policy, creditor rights, and the agency costs of debt. Journal of Financial Economics, 92 (2), 276 -299.

[84] Brennan M, Schwartz E. 1984. Corporate income taxes, valuation and the problem of optimal capital structure. Journal of Business, 51, 103 -114.

[85] Billett M T, King T H D, Mauer D C. 2007. Growth fortunities and the choice of leverage, debt maturity, and covenants. Journal of Finance, 62 (2), 697 -730.

[86] Billett M T, Garfinkel J A. 2004. Financial flexibility and the cost of external finance for U. S. bank holding companies. Journal of Money Credit & Banking, 36 (5), 827 -852.

[87] Banerjee S, Heshmati A, Wihlborg C. 2004. The dynamics of capital

structure. Research in Banking and Finance, 4 (1), 275 - 297.

[88] Byoun S. 2008. How and when do firms adjust their capital structures toward targets. The Journal of Finance, 63 (6), 3069 - 3096.

[89] Byoun S. 2011. Financial flexibility and capital structure decision. Working Paper of Baylor University, 1 (1), 1 - 50.

[90] Byoun S, Xu Z. 2013. Why do some firms go debt free. Asia - Pacific. Journal of Financial Studies, 42 (1), 1 - 38.

[91] Bonaimé A A, Hankins K W, Harford J. 2002. Financial flexibility, risk management, and payout choice. Review of Financial Studies, 27 (4), 1074 - 1101.

[92] Bradley M, Jarrell G A, Kim E. 1984. On the existence of an optimal capital structure: Theory and evidence. The Journal of Finance, 39 (3), 857 - 878.

[93] Cummins J G, Nyman I. 2004. Optimal investment with fixed financing costs. Finance Research Letters, 1 (4), 226 - 235.

[94] Cooper A C, Woo C Y, Dunkelberg W C. 1988. Entrepreneurs' perceived chances for success. Journal of Business Venturing, 3 (2), 97 - 108.

[95] Campello M. 2006. Debt financing: Does it boost or hurt firm performance in product markets. Journal of Financial Economics, 82 (1), 135 - 172.

[96] Cook D O, Tang T. 2010. Macroeconomic conditions and capital structure adjustment speed. Journal of Corporate Finance, 16 (1), 73 - 87.

[97] Clark B J. 2010. The impact of financial flexibility on capital structure decisions: Some empirical evidence. Available at SSRN 1499497.

[98] Chen H. 2010. Macroeconomic conditions and the puzzles of credit spreads and capital structure. The Journal of Finance, 65 (6), 2171 - 2212.

[99] DeAngelo H, DeAngelo L. 2007. Capital structure, payout policy, and financial flexibility. Working Paper of Marshall Business School, 1 (1), 1 - 25.

[100] Duncan R B. 1972. Characteristics of organizational environments and perceived environmental uncertainty. Administrative Science Quarterly, 17 (3), 313 -327.

[101] Doukas J A, Petmezas D. 2007. Overconfident managers and self - attribution bias. European Financial Management, 13 (3), 531 -577.

[102] Drobetz W, Wanzenried G. 2006. What determines the speed of adjustment to the target capital structure? Alied Financial Economics, 16 (13), 941 -958.

[103] Denis D J, Mckeon S B. 2011. Debt financing and financial flexibility: Evidence from proactive leverage increases. Review of Financial Studies, 25 (1243).

[104] Denis D J. 2011. Financial flexibility and corporate liquidity. Journal of Corporate Finance, 17 (3), 667 -674.

[105] Fama E F, French K R. 2002. Testing trade - off and pecking order predictions about dividends and debt. Review of Financial Studies, 15 (1), 1 - 33.

[106] Frank M Z, Goyal V K. 2000. Testing the pecking order theory of capital structure. Journal of Financial Economics, 67 (2), 1 -4.

[107] Faulkender M, Wang R. 2006. Corporate financial policy and the value of cash. Journal of Finance, 61 (4), 1957 - 1990.

[108] Faulkender M, Petersen M A. 2010. Does the source of capital affect capital structure? Review of Financial Studies, 19 (1), 45 -79.

[109] Fischer E O, Heinkel R, Zechner J. 1989. Dynamic capital structure choice: Theory and tests. Journal of Finance, 44 (1), 19 -40.

[110] Ferreira M A, Vilela A S. 2004. Why do firms hold cash? Evidence from EMU countries. European Financial Management, 10 (2), 295 -319.

[111] Fazzari S M, Hubbard R G, Petersen B C. 2000. Investment - cash flow sensitivities are useful: A comment on Kaplan and Zingales. Quarterly Journal of

Economics, 115 (2), 695 –705.

[112] Fazzari S, Hubbard R G, Petersen B C. 1987. Financing constraints and corporate investment. National Bureau of Economic Research, 1 (1), 141 –195.

[113] Graham J R, Harvey C R. 2001. The theory and practice of corporate finance: Evidence from the field. Journal of Financial Economics, 60 (2), 187 –243.

[114] Gamba A, Triantis A. 2008. The value of financial flexibility. The Journal of Finance, 63 (5), 2263 –2296.

[115] Gervais S, Heaton J B, Odean T. 2011. Overconfidence, compensation contracts and capital budgeting. Journal of Finance, 66 (5), 1735 –1777.

[116] Grossman S J, Hart O D. 1983. Implicit contracts under asymmetric information. Quarterly Journal of Economics, 98 (3), 123 –156.

[117] Goel A M, Thakor A V. 2010. Overconfidence, ceo selection, and corporate governance. Journal of Finance, 63 (6), 2737 –2784.

[118] Gervais S, Odean T. 1997. Learning to be overconfident. Social Science Electronic Publishing, 14 (1), 1 –27.

[119] Grenadier S R, Wang N. 2005. Investment timing, agency, and information. Journal of Financial Economics, 75 (3), 493 –533.

[120] Gilchrist S, Himmelberg C P. 1995. Evidence on the role of cash flow for investment. Journal of Monetary Economics, 36 (3), 541 –572.

[121] Hambrick D C, Mason P A. 1982. Uer echelons: The organization as a reflection of its top managers. Academy of Management Annual Meeting Proceedings, 9 (2), 193 –206.

[122] Hackbarth D. 2009. Determinants of corporate borrowing: A behavioral perspective . Social Science Electronic Publishing, 15 (4), 389 –411.

[123] Hackbarth D, Miao J, Morellec E. 2006. Capital structure, credit risk, and macroeconomic conditions. Journal of Financial Economics, 82 (3),

519 - 550.

[124] Harford J, Klasa S, Walcott N. 2009. Do firms have leverage targets? Evidence from acquisitions. Journal of Financial Economics, 93 (1), 1 - 14.

[125] Haugen R A, Senbet L W. 1978. The Insignificance of Bankruptcy Costs to the Theory of Optimal Capital Structure. Journal of Finance, (33), 383 - 393.

[126] Heath L C. 1978. Financial reporting and the evaluation of solvency. Amer Inst of Certified Public, 1 (1), 1 - 9.

[127] Hart O, Moore J. 1999. Foundations of incomplete contracts. Review of Economic Studies, 66 (1), 115 - 38.

[128] Heaton J B. 2002. Managerial optimism and corporate finance. Financial Management, 31 (2), 33 - 45.

[129] Huang R, Ritter J R. 2009. Testing theories of capital structure and estimating the speed of adjustment. Journal of Financial & Quantitative Analysis, 44 (2), 237 - 271.

[130] Harris M, Raviv A. 1991. The theory of capital structure. Journal of Finance, 46 (1), 297 - 355.

[131] Harris M, Raviv A. 1988. Corporate control contests and capital structure. Journal of Financial Economics, 20 (20), 55 - 86.

[132] Haas R D, Peeters M. 2004. The dynamic adjustment towards target capital structures of firms in transition economies. Economics of Transition, 14 (87), 133 - 169.

[133] Jensen M C. 1986. Agency cost of free cash flow, corporate finance, and takeovers. American Economic Review, 76 (2), 323 - 29.

[134] Jensen M C, Meckling W H. 1976. Theory of the firm: Managerial behavior, agency costs and ownership structure. Journal of Financial Economics, 3 (4), 305 - 360.

[135] Jensen M C. 1994. The modern industrial revolution, exit, and the

failure of internal control systems. Journal of Finance, 48 (3), 831 - 80.

[136] Jagannathan M, Stephens C P, Weisbach M S. 2000. Financial flexibility and the choice between dividends and stock repurchases. Journal of Financial Economics, 57 (3), 355 - 384.

[137] Kraus A, Litzenberger R H. 1973. A state - preference model of optimal financial leverage. Journal of Finance, 28 (4), 911 - 922.

[138] Korajczyk R A, Levy A. 2003. Capital structure choice: Macroeconomic conditions and financial constraints. Journal of Financial Economics, 68 (1), 75 - 109.

[139] Killi A M, Ra M S, Schmid T. 2011. Can Financial Flexibility Explain the Debt Conservatism Puzzle? Cross - Country Evidence from Listed Firms. Working Paper of University of Marburg, 1 (1), 1 - 43.

[140] Lin Y H, Hu S Y, Chen M S. 2005. Managerial optimism and corporate investment: Some empirical evidence from taiwan. Pacific - Basin Finance Journal, 13 (5), 523 - 546.

[141] Leary M T, Roberts M R. 2005. Do firms rebalance their capital structures? The Journal of Finance, 60 (6), 2575 - 2619.

[142] Langer E J. 1975. The illusion of control. Journal of Personality & Social Psychology, 32 (2), 311 - 328.

[143] Lovallo D, Kahneman D. 2003. Delusions of success: How optimism undermines executives' decisions. Harvard Business Review, 81 (7), 56 - 63, 117.

[144] Levy A, Hennessy C. 2007. Why does capital structure choice vary with macroeconomic conditions. Journal of Monetary Economics, 54 (6), 1545 - 1564.

[145] Leland H E. 1998. Agency costs, risk management, and capital structure. Journal of Finance, 53 (4), 1213 - 1243.

[146] Myers S C, Majluf N S. 1984. Corporate financing and investment

decisions when firms have information that investors do not have. Journal of Financial Economics, 13 (2), 187 -221.

[147] Myers S C. 1977. Determinants of corporate borrowing. Journal of Financial Economics, 5 (2), 147 -175.

[148] Modigliani F, Miller M H. 1958. The cost of capital, corporation finance and the theory of investment. The American Economic Review, 48 (3), 261 -297.

[149] Marsh P. 1982. The choice between equity and debt: An empirical study. Journal of Finance, 37 (1), 121 -44.

[150] Marchica M T, Mura R. 2010. Financial flexibility, investment ability, and firm value: Evidence from firms with spare debt capacity. Financial Management, 39 (4), 1339 -1365.

[151] Malmendier U, Tate G. 2005. Does overconfidence affect corporate investment? ceo overconfidence measures revisited. European Financial Management, 11 (5), 649 -659.

[152] Milliken F J. 1987. Three types of perceived uncertainty about the environment: State, effect and response uncertainty. Academy of Management Review, 12 (1), 133 -143.

[153] Manolis C, Nygaard A, Stillerud B. 1997. Uncertainty and vertical control: An international investigation. International Business Review, 6 (5), 501 -518.

[154] Malmendier U, Tate G. 2005. CEO overconfidence and corporate investment. The Journal of Finance, 60 (6), 2661 -2700.

[155] Minton B, Wruck K H. 2001. Financial policy, investment oortunities and the demand for external financing: Evidence from low debt firms. Working Paper of Ohio State University, 1 (1), 1 -41.

[156] Michel J G, Hambrick D C. 1992. Diversification posture and top management team characteristics. Academy of Management Journal, 35 (1),

9 - 37.

[157] March J G, Shapira Z. 1987. Managerial perspectives on risk and risk taking. Management Science, 33 (11), 1404 - 1418.

[158] Opler T, Pinkowitz L, Stulz R, et al. 1999. The determinants and implications of corporate cash holdings. Journal of Financial Economics, 52 (1), 3 -46.

[159] Oliver B R. 2005. The Impact of Management Confidence on Capital structure. Working Paper of Australian National University.

[160] Ruback R S, Jensen M C. 1983. The market for corporate control: The scientific evidence. Journal of Financial Economics, 11 (14), 5 -50.

[161] Roll R. 1986. The hubris hypothesis of corporate takeovers. Journal of Business, 59 (59), 197 -216.

[162] Ross S A. 1973. The economic theory of agency: The principal problem. American Economic Review, 63 (2), 134 - 139.

[163] Ra M S, Schmid T, Urban D. 2014. The value of financial flexibility and corporate financial policy. Journal of Corporate Finance, 29, 288 -302.

[164] Scott J H. 1976. A theory of optimal capital structure. Bell Journal of Economics, 7 (1), 33 -54.

[165] Simon H A. 1955. Behavioral model of rational choice. Quarterly Journal of Economics, 69 (1), 99 - 118.

[166] Simerly R L, Li M. 2000. Environmental dynamism, capital structure and performance: A theoretical integration and an empirical test. Strategic Management Journal, 21 (1), 31 -49.

[167] Shefrin H. 2001. Behavioral corporate finance. Journal of Alied Corporate Finance, 14 (3), 113 - 126.

[168] Smith C W, Watts R L. 1992, The investment fortunity set and corporate financing, dividend, and compensation policies. Journal of Financial Economics, 32 (3), 263 -292.

[169] Singh K, Hodder J E. 2000. Multinational capital structure and financial flexibility. Journal of International Money and Finance, 19 (6), 853 –884.

[170] Ting I W K, Lean H H, Qian L K, Azizan N A. 2016, Managerial overconfidence, government intervention and corporate financing decision. International Journal of Managerial Finance, 12 (1), 4 –24.

[171] Trigeorgis L. 1993. Real options and interactions with financial flexibility. Financial Management, 22 (3), 202 –224.

[172] Titman S, Wessels R. 1988. The determinants of capital structure choice. Journal of Finance, 43 (1), 1 –19.

[173] Titman S, Tsyplakov S. 2004. A dynamic model of optimal capital structure. Social Science Electronic Publishing, 11 (3), 401 –451.

[174] Whited T M, Wu G. 2006. Financial constraints risk. Social Science Electronic Publishing, 19 (2), 531 –559.

后　记

入秋的九月，夜色微凉，我的书稿已经完成，望着清冷的月光，我的内心久久不能平静。城市慷慨整夜亮光，如同少年不惧岁月长。不知不觉间我也已经迈过人生 30 岁的门槛，都说三十而立，这份书稿可以说是为我的青春岁月画上了一个完美的句号。回首我的创作之路，漫长而又艰辛，无论是题目的确立、内容的选择甚至是在资料收集的过程中，我都经历了重重阻碍。有太多的问题困惑着我的思路，让我一度产生了放弃的想法。因此，当这份书稿完整地呈现在我的面前时，我的心中不仅有小小的兴奋，更多的还是衷心的感谢，感谢我自己的坚持，更感谢那些在我写作过程中，给过我无私帮助的老师和朋友。

我要感谢我的导师王满教授。感谢她对我的谆谆教诲和无微不至的关心与照顾。我的导师是一位优雅的女士，更是一位博学的智者。在我的研究陷入困惑时，导师总会给予我无私的帮助，倾其所学帮我渡过难关。在学术上，导师就像是夜色下照亮前进道路的灯塔，帮我点亮前进的方向。在生活上，导师也给予了我无微不至的关怀。一个人在写作的过程中会迷惘，会不知所措，会觉得长夜漫漫。每当我的心情起起落落时，导师就会找我谈心，给我鼓励，让我重新燃起对生活和学业的奋发之心。

我要感谢我的同学和家人。感谢我的师门郑鹏博士、李坤荣博士、张巍巍博士、田旻昊博士、刘子旭博士和于浩洋博士。感谢你们在讨论会上无私的帮助和指导，正是因为有了你们的帮助，我的书稿写作才能够得以顺利进行。感谢我的朋友邓涛和张琦，你们在生活上给予了我很多照顾，让我的生活丰富多彩，充满欢声笑语。还要感谢我的家人，正是家人默默的付出，才使我没有了后顾之忧，全身心地投入到书稿的写作之中。

如果我站在朝阳上，能否脱去昨日的惆怅。地平线上仿佛已有红光跳跃，新的一天马上就要到来。虽然这本书已经完成，但是我知道，这只是我人生道路上完成的一个阶段性目标，还有更巍峨的山峰等待着我去翻越，还有更艰巨的任务等待着我去挑战，我会依然全力以赴、义无反顾。衷心地感谢曾经帮助过我的人，感谢我的青春。

许诺

2018 年 9 月